HORST-DIETER RADKE

Alles fließt in Tauberfranken

HORST-DIETER RADKE

Alles fließt in Tauberfranken

NICHT NUR FÜR WASSER- UND WEINFREUNDE

Sofern hier nicht erwähnt, stammen die Bilder vom Autor Horst-Dieter Radke.
Fotostudio Blende 8, Boxberg 52; Braun 108; Jeremias Radke 110; Krämer 144

Autor und Verlag haben alle Informationen geprüft. Gleichwohl wissen wir, dass sich Gegebenheiten im Verlauf der Zeit ändern, daher erfolgen alle Angaben ohne Gewähr. Sollten Sie Feedback haben, bitte schreiben Sie uns! Über Ihre Rückmeldung zum Buch freuen sich Autor und Verlag: lieblingsplaetze@gmeiner-verlag.de

Besuchen Sie uns im Internet:
www.gmeiner-verlag.de

Im Ehnried 5, 88605 Meßkirch
Telefon 07575/2095-0
info@gmeiner-verlag.de

1. Auflage 2013

Lektorat/Korrektorat: Claudia Reinert / Katja Ernst
Satz: Julia Franze
Umschlaggestaltung: U.O.R.G., Lutz Eberle, Stuttgart
unter Verwendung eines Fotos von Horst-Dieter Radke
Kartendesign: Christoph Neubert / Matthias Schatz
Druck: AZ Druck und Datentechnik GmbH, Kempten
Printed in Germany
ISBN 978-3-8392-1368-1

TAUBERFRANKEN VON DER MÜNDUNG ZUR QUELLE

MADONNENLÄNDLE

Tauberfranken ist keine Währung, kein Tellergericht, kein Bundesland und auch kein eigenständiger Kreis. Es ist Teil einer Region, die sich über den Norden Bayerns, das nordöstliche Baden-Württemberg und Südthüringen erstreckt – der Region Franken. Tauberfranken ist das östliche Stück dieses historischen Herzogtums Franken. Seit 1992 wird die Weinregion um die Tauber ab Lauda-Königshofen, die zuvor Badisches Frankenland hieß, ebenfalls ›Tauberfranken‹ genannt. Der offizielle Main-Tauber-Kreis deckt sich nicht exakt mit der Region Tauberfranken, die sich an einigen Stellen über den Kreis hinaus ausdehnt. Bildstöcke, Heiligenbilder und Hausmadonnen sind über die ganze Region verteilt zu finden und haben ihr den liebevollen Namen ›Madonnenländle‹ gegeben. Nach Norden begrenzt der Main die Region. Rechts und links der Tauber entwickelt sie sich nach Südosten hin bis zur Quelle. Der größte Teil liegt in Baden-Württemberg, einige Gebiete gehören zum Kreis Würzburg und Ansbach und liegen damit in Bayern. Die Herkunft des Namens ›Tauber‹ ist ungeklärt. Aus dem 7. Jahrhundert stammt die Bezeichnung ›dubra‹. Manche führen ihn zurück auf das keltische ›dubo‹, was ›schwarz‹ bedeutet und als ›schwarzes Wasser‹ ausgelegt wird. Überzeugender klingt die Deutung, die den Namen aus ›dubron‹ abgeleitet sehen will, was ›schnell dahineilendes Wasser‹ bedeutet. Vielleicht war vor Zeiten das Tal, das der Fluss durchschneidet, ein dunkles durch die bewachsenen Hänge. Aber da es nicht überall eng ist, sich an manchen Stellen weitet, und außerdem fast am ganzen Flusslauf schon frühe Siedlungsspuren gefunden wurden, dürfte eine durchgehende Verdunklung durch Baumbewuchs weiter zurückreichen als die Namensgebung. Und dass die Tauber an vielen Stellen schnell fließt und gerne auch mal über die Ufer tritt, unterstützt die Schnell-Variante ebenfalls. Heute ist eher vom lieblichen Taubertal die Rede und das trifft tatsächlich auf den größten Teil der Strecke zu, ausgenommen wenige Stellen, hauptsächlich im nördlichen Bereich, wo die Tauber schon auf den Main zufließt. Lieblich ist auch das Klima, das mit seiner Milde und vielen Sonnenstunden den Weinanbau fördert. Eine andere Bezeichnung, die sich heute auch noch vielerorts finden lässt, ist ›Taubergrund‹. Entgegen anderer Beschreibungen, die der Tauber von der Quelle bis zur Mündung folgen, wurde für dieses Buch der umgekehrte Weg gewählt, weil dies oft die Reiseroute der Besucher ist. Man reist über Würzburg an oder über Frankfurt kommend den Main entlang bis Wertheim und dann die Tauber aufwärts. Wer sich doch in die andere Richtung aufmacht, wird aber keine Probleme haben, den einzelnen Beschreibungen von hinten nach vorn zu folgen. Das Buch beginnt mit Freudenberg am Main, der nordöstlichsten Gemeinde des Main-Tauber-Kreises und endet mit Weikersholz und Wettringen, den beiden Orten, die eine Quelle der Tauber aufzuweisen haben. An manchen Stellen entfernen sich die Lieblingsplätze sogar ein gutes Stück von der Tauber. So gibt es etwa Beschreibungen aus dem Bauland (Ahorn, Boxberg), das ich schon wegen der Spezialität des Grünkerns nicht auslassen möchte. Lange eher ein regionales Nahrungsmittel, rückte dann der Trend zur gesunden Ernährung den Grünkern in den 80er-Jahren des vergangenen Jahrhunderts auch bundesweit stärker ins Licht. Die Gesamterzeugung in der Region vervierfachte sich in dieser Zeit.

Die Mundart, die im ganzen Gebiet gesprochen wird, gehört überwiegend zum mainfränkischen Dialekt. An einen einheitlichen Sprachgebrauch darf man dabei nicht denken. So ist von Wertheim bis Tauberbischofsheim das Taubergründische vertreten und im restlichen Bereich das Unterfränkische. Genau genommen ist es noch komplizierter, denn jede kleine Region hat ihre eigenen Ausprägungen. Doch werden Sie kaum Probleme haben, sich zu verständigen, denn ausgeprägten Dialekt sprechen nur die wenigsten und im Allgemeinen ist diese weiche Mundart gut zu verstehen. Im Bereich um Weikersheim reicht auch der hohenlohische Dialekt in die Region hinein. Tauberfranken eignet sich nicht, es in Windeseile zu durchfahren. Besser ist es, sich Zeit zu lassen und Zeit zu nehmen für manche Abweichung vom geraden Weg. Und wenn die persönliche Zeit zu sehr beschränkt ist, dann lohnt auch die Beschränkung auf einen Ausschnitt aus diesem Gebiet. Lassen Sie dieses Buch bei der Auswahl Ihren Ratgeber sein.

DIESE BRÜCKE FÜHRT ZWAR NICHT ÜBER DIE TAUBER – ABER ÜBER IHREN ZUFLUSS GRÜNBACH BEI GERLACHSHEIM.

FREUDENBERG /// HAUPTSTRASSE 152 /// 97896 FREUDENBERG ///
0 93 75 / 92 00 90 /// WWW.FREUDENBERG-MAIN.DE ///

MIT DEN NIBELUNGEN NACH TAUBERFRANKEN

Freudenberg

1

Das hügelige Mainufer lässt die Assoziation zu ›Berg‹ ohne Probleme zu, aber ›Freude‹? Wie kommt dieser Begriff in den Namen der Stadt? Immerhin reicht er mehr als 900 Jahre in die Geschichte zurück: Das Fürstbistum Würzburg, in dessen Besitz sich der Ort befand, ließ um 1200 eine Burg über dem Dorf erbauen – die ›Frouwedenberch‹. Dieser Name übertrug sich bald auf die Siedlung. 1287 wurde Freudenberg erstmals urkundlich als Stadt erwähnt und 1295 den Grafen von Wertheim Burg und Stadt als Lehen gegeben. Ein dunkles Kapitel der Geschichte erlebten die Bewohner in der Zeit der Hexenverfolgung: Bis 1632 wurden rund 150 Freudenberger als Hexen und Hexer verbrannt. 1806 wurde die Stadt badisch, ging aber bereits 1813 wieder an das Amt Wertheim.

Heute liegt Freudenberg im Nordosten von Baden-Württemberg und ist gleichzeitig die nordöstlichste Stadt des Main-Tauber-Kreises. Sie schmiegt sich wie selbstverständlich an den Main. Durch sie hindurch führt die Nibelungenstraße, die vom Odenwald kommend in Wertheim endet. Die enge Straße, vorbei an einer Mischung aus alten und neuen, teils renovierten, teils verfallen aussehenden Häusern, ist nicht gerade eine Aufforderung zum Haltmachen. Einfach links abzubiegen, das Auto am Main zu parken und sich ein wenig umzusehen, hat sich aber schon für manchen gelohnt. Man kann sich vor eines der Cafés setzen und die Atmosphäre genießen. Der historische Stadtkern Freudenbergs steht seit 2004 als Gesamtanlage unter Denkmalschutz.

Den Aufstieg zur Freudenburg hinauf mache ich immer wieder gerne, denn der Blick von dort auf das Maintal und die Altstadt gibt ein ganz anderes Bild als von der dunklen Straße aus, in der teilweise sogar die Sicht auf die Burg verwehrt ist. In der Burgruine spielt der Burgspielverein in jedem ungeraden Jahr Freilichttheater, das inzwischen auch über die Region hinaus Beachtung gefunden hat.

Für Wanderer bietet die Stadt direkt am Rathaus einen Einstieg zum Nibelungensteig, einem 124 Kilometer langen Fernwanderweg durch den Odenwald.

SCHLÖSSCHEN IM HOFGARTEN (STADT WERTHEIM) ///
WÜRZBURGER STRASSE 30 /// 97877 WERTHEIM /// 0 93 42 / 30 15 11 ///
WWW.SCHLOESSCHEN-WERTHEIM.DE ///

KUNST UND GARTEN, EINE PASSENDE KOMBINATION

Wertheim – Schlösschen im Hofgarten

2

Am Ortseingang von Wertheim, von Würzburg aus kommend, liegt umgeben von einem englischen Landschaftspark ein kleines Rokokogebäude direkt dem Main gegenüber: Das Schlösschen im Hofgarten. »Das Schlösschen gehört zum Garten?«, wird sich mancher Besucher fragen. »Eigentlich sollte es doch andersherum sein und der Garten kommt nach dem Bauwerk.« Doch tatsächlich wurde hier die Reihenfolge umgekehrt: Im Jahre 1777 ließ ein bereits 70-jähriger Graf dieses Schlösschen am Rande eines 1736 angelegten Barockgartens errichten. Die aufwändige Rokokokartusche über dem linken Eingangsportal nennt den Erbauer – Friedrich Ludwig Graf zu Löwenstein-Wertheim, Virneburg, Limpurg.

Das Gebäude und die ihn umgebende baumbeschattete Gartenanlage laden zu einem wiederholten Besuch ein. Heute ist der ursprüngliche Barockgarten allerdings einem kleinen englischen Park gewichen. Das hellgelb leuchtende Gebäude mit den hohen Fenstern im ersten Stock und dem schönen Mansardendach ist nicht zu übersehen. Das Schlösschen beherbergt drei vom Grafschaftsmuseum Wertheim betreute Kunstsammlungen: Die Stiftung Wolfgang Schuller zeigt Gemälde und Aquarelle der Berliner Secession – Kunst aus Berlin um 1900 vertreten durch Maler wie Max Slevogt sowie von Künstlern, die eine Beziehung zu Berlin hatten, etwa Max Beckmann oder Otto Modersohn. Eine zweite Sammlung zeigt Maler des 19. Jahrhunderts aus dem Rhein-Main-Neckar Raum, die eine Beziehung zu Wertheim hatten. Die dritte Sammlung umfasst keine Bilder, sondern Porzellan aus dem Zeitraum von 1780–1830. Immer wieder gibt es auch Konzerte, Sonderausstellungen und -veranstaltungen. Alljährlich findet in der Gartenanlage ein Fest mit Gartenmesse statt. Deshalb gehört das Schlösschen im Hofgarten zu den Lieblingsplätzen, auf die ich ständig ein Auge habe.

Wer sich im Schlösschen müde gesehen und im Garten müde gelaufen hat, findet im Café und Restaurant am Schlösschen ausreichend Möglichkeit zur Regeneration.

WEINGUT OESTERLEIN /// AM OBEREN TOR 9 ///
97877 WERTHEIM-DERTINGEN /// 0 93 97 / 2 59 ///
WWW.WEINGUT-OESTERLEIN.DE ///

WINZER MIT FERNWEH

Wertheim-Dertingen – Weingut Oesterlein

1/11

»Der Weinverkauf ist sechseinhalb Tage geöffnet«, sagt Winzer Lothar Klüpfel. Versand per Post und Paketdienst sind die üblichen Vermarktungswege, die auch andere Winzer gehen. Zweimal im Jahr aber – zu Ostern und im Herbst – wird der Wein des Guts Oesterlein bis direkt vor die Haustür gebracht. Wer mindestens 36 Flaschen bestellt, bekommt den Wein persönlich von der Familie geliefert – egal, wo in Deutschland er wohnt.

Dennoch liegt der Weinort Dertingen ausgesprochen verkehrsgünstig: Nur etwa drei Kilometer entfernt vom Shoppingcenter Wertheim Village und der Ausfahrt der A 3. Am Rande dieses Ortes findet man leicht, da gut ausgeschildert, das Weingut Oesterlein. Als Besonderheit hat es nicht nur Qualitätswein zu bieten, sondern auch einen 1994er-Jahrgang Vierlinge, auf die das Winzerehepaar mindestens so stolz ist wie auf seine Weine.

Anfang der 60er-Jahre gründete Walter Oesterlein das Weingut mit einer geringen Fläche von 0,18 Hektar als Nebenerwerbsbetrieb. Er baute damals Müller-Thurgau und Gutedel an. Bereits Mitte der 70er-Jahre wurde aus dem Nebenerwerb ein Haupterwerb. Im Jahr 2000 übernahm die Tochter Marina mit ihrem Ehemann Lothar Klüpfel den Betrieb, der inzwischen auf 11 Hektar angewachsen ist. Die Weinberge liegen alle in der Lage Dertinger Mandelberg. Dort gedeihen heute natürlich mehr Rebsorten als zu Beginn. An Weißweinen werden gepflegt: Müller-Thurgau, Silvaner, Scheurebe, Kerner, Bacchus, Riesling, Chardonnay, Sauvignon Blanc; an Rotweinen: Schwarzriesling, Dornfelder, Blaufränkisch, Spätburgunder, Merlot und Cabernet Sauvignon.

Die Winzerfamilie erzeugt nicht nur den Wein komplett selbst – vom Anbau und der Rebpflege über die Lese bis zur Veredlung und Abfüllung; sie kümmert sich auch um die Vermarktung – und scheut räumlich und zeitlich kaum Hindernisse.

Gästezimmer und Ferienwohnung ermöglichen einen Urlaub auf dem Weingut – und sei es nur, um in Ruhe den Weineinkauf vor Ort erledigen zu können.

GLAS
Glaskugelblasen
Glaskugelblasen
Hands on! Anfassen!
GLASMUSEUM WERTHEIM E. V. /// MÜHLENSTRASSE 24 ///
97877 WERTHEIM /// 0 93 42 / 68 66 ///
WWW.GLASMUSEUM-WERTHEIM.DE ///

GLAS ZWISCHEN KUNST UND WISSENSCHAFT

Wertheim – Glasmuseum

3

Glas ist bekanntermaßen zerbrechlich und so sollte man eigentlich erwarten, dass Anfassen in einem Glasmuseum nicht erlaubt ist. Für das Glasmuseum Wertheim trifft das jedoch nicht zu, jedenfalls nicht für alles. Es gibt so manches, das berührt werden darf und sich anzufassen – anzufühlen – lohnt. Was man nicht mit den Händen erkunden soll, befindet sich sowieso hinter Vitrinen und Fenstern.

Eine lokale Tradition der Glasmacherei gibt es in Wertheim nicht. Im nahen Spessart existierten zwar bereits im Mittelalter Waldglashütten – diese Periode wurde aber bereits in der frühen Neuzeit (etwa im 17. Jahrhundert) beendet, weil das durch Eisenoxide grünlich gefärbte Pottascheglas (Waldglas) nicht mehr gefragt war. Die Wertheimer Glasmacherei begann erst nach dem Zweiten Weltkrieg, als eine Gruppe von Fachkräften 1949 die DDR verließ und unter Leitung des Glasphysikers Hans Löber in Wertheim ein Laborglaswerk gründete, das bis 1993 bestand. Der Gründer und Leiter des Unternehmens sammelte zeit seines Lebens Exponate historischen Glases aus allen Epochen mit dem Ziel, diese in einem Museum der Öffentlichkeit zur Verfügung zu stellen. Mit Mitarbeitern des Werks gründete Löber 1973 einen Förderkreis, der im Mai 1976 das Museum unterhalb der Wertheimer Burg in einem alten Fachwerkhaus eröffnete. Der Besuch dieses Museums lohnt allemal. In zwei Häusern sind auf mehreren Etagen Glasexponate unterschiedlichster Art ausgestellt. Es finden sich antike Stücke, aber auch moderne Glaskunst. Außerdem lässt sich manches zur Glasindustrie und zur Verwendung von Glas in der Wissenschaft finden. Im unteren Bereich lässt sich ein Glasbläser nicht nur bei der Arbeit zuschauen, sondern beantwortet auch Fragen und erklärt, was er tut. Kinder dürfen bei ihm sogar eine Kugel blasen.

Wechsel- und Sonderausstellungen ergänzen die Hauptausstellung ›Das Glas – Erlebnis von A–Z‹. So lohnt es sich, immer wieder mal hineinzuschauen.

WERTHEIMER BURG /// SCHLOSSGASSE 11 /// 97877 WERTHEIM ///
0 93 42 / 93 50 90 /// WWW.WERTHEIM.DE ///

VON WOLFRAM VON ESCHENBACH BIS ZU HUBERT VON GOISERN

Wertheim – Burg

4

Hoch über der Wertheimer Altstadt ragt die aus rotem Sandstein gebaute Burg auf, die trotz ihres Zustands als Ruine noch zeigt, was für ein mächtiges Bauwerk sie war: Die starke äußere Mantelmauer, der 15 Meter breite und 30 Meter tiefe Graben zeugen von ihrer Wehrhaftigkeit. Sie zählt zu den größten Steinburgen Deutschlands und überragt eindrucksvoll die Täler von Main und Tauber.

Während die obere Burg weitgehend zerstört wurde, ist der untere Bereich des Wohnschlosses noch einigermaßen gut erhalten. Im Jahr 1183 wird die Stammburg der Wertheimer erstmals in einer Urkunde erwähnt. Die Kernbauten der heutigen Burg sind allerdings erst im 13. Jahrhundert entstanden. Die Grafen von Wertheim saßen an einer Stelle, an der sich mehrere Machtbereiche berührten: Die Bischöfe von Würzburg und Mainz, die Herzöge von Württemberg und der Markgraf von Baden rieben von unterschiedlichen Seiten ihre Machtinteressen aneinander und um dazwischen bestehen zu können, war eine mächtige Burg wohl eine Grundvoraussetzung. Bis ins frühe 17. Jahrhundert wurde die Burg ergänzt und erweitert, sogar zu einem Burgschloss. Im Dreißigjährigen Krieg begann die Zerstörung der Burg. Prominentester Gast auf der Burg war Wolfram von Eschenbach, der einen Teil seines ›Parzival‹ hier geschrieben haben soll. Möglicherweise diente ihm diese Burg auch als Beispiel für die Gralsburg. Zwar gibt es im ›Parzival‹ keinen Hinweis auf eine bestimmte Festung, immerhin aber die Andeutung, dass sie nahe an einem Fluss oder See gelegen habe.

Heute finden im Burggraben zahlreiche Open-Air-Veranstaltungen statt. So war hier im Jahr 2009 Hubert von Goisern zu sehen und zu hören. Allein schon durch den wunderbaren Blick über die Altstadt und das Maintal ist die Wertheimer Burg einer meiner Lieblingsplätze geworden und lohnt den Aufstieg vom Marktplatz aus jedes Mal.

In der Open-Air-Saison von April bis Oktober wird in der eindrucksvollen Umgebung ein Programm angeboten, das vom Mittelalterfest bis zum Konzertevent reicht.

TOURIST INFORMATION WERTHEIM /// GERBERGASSE 16 ///
97877 WERTHEIM /// 0 93 42 / 93 50 90 ///
WWW.WERTHEIM.DE ///

FRÄNKISCHE ALTSTADT MIT MITTELALTERLICHEM CHARME

Wertheim – Altstadt

5

Bei allem Reiz, den manche Stadt und mancher Ort dazwischen haben, bietet Wertheim allein den passenden Gegenpol zu Rothenburg ob der Tauber. Die malerische Altstadt, die Mündung der Tauber in den mächtigeren Main, die alles überragende Burg zeichnen bei aller Modernität das Bild einer altfränkischen Kleinstadt. Man fühlt sich wohl – und das ist nicht zuletzt der Grund, dass es uns aus dem 40 Kilometer entfernten Lauda immer wieder hierhin zieht. Hat man sein Auto geparkt, führen alle Gässchen und Gassen zielgenau zum Markt. Fachwerk reiht sich an Fachwerk, viele reich verzierte Bürgerhäuser stehen dazwischen. Hier bei einer Tasse Kaffee ein wenig zu verweilen, ist eine gute Idee.

Die erste Erwähnung Wertheims ist gegen Ende des 8. Jahrhunderts verbürgt. König Heinrich II. verleiht der Gemeinde 1009 das Marktrecht. Im 12. Jahrhundert beginnt auch der Bau der Burg und im Jahr 1306 erhält Wertheim Stadtrecht.

Lange sollte man aber nicht auf dem Markt sitzen bleiben, zumal ein Kaffee schnell getrunken ist. Es gibt einiges zu sehen und zu besichtigen, etwa die noch erhaltenen Stadttore aus dem 13. bis 15. Jahrhundert wie das Main- und Zolltor oder die Marienkapelle mit den eindrucksvollen Glasfenstern.

Vor allem das Grafschaftsmuseum zieht mich immer wieder an. Neben Exponaten kulturhistorischer Bedeutung ist die Dauerausstellung des Malers Otto Modersohn und seiner dritten Frau einen Besuch wert. Mehr aber noch beeindruckt mich immer wieder die Sammlung an Gemälden, Zeichnungen und Karikaturen der aus Wertheim stammenden Futterer-Brüder. Mit Letzteren waren sie in den Satirezeitschriften der vorletzten Jahrhundertwende häufig vertreten. Bezeichnend ist, dass der jüngere Bruder von der Münchener Kunstakademie abgelehnt wurde, weil man ihm nichts mehr beibringen habe können.

Bei einem Ausflug zur anderen Mainseite finden Sie im Bierkrugmuseum von Kreuzwertheim mehr als 5.000 Bierkrüge und -gläser.

GEMEINDE REICHOLZHEIM /// SATZENBERGSTRASSE 7 ///
97877 WERTHEIM-REICHOLZHEIM /// 0 93 42 / 66 76 ///
WWW.REICHOLZHEIM.DE ///

DER ORT MIT DER SAGENHAFTEN UMGEBUNG

Reicholzheim

6

Reicholzheim liegt eine Stunde südlich von Wertheim – so steht es in einem alten Lexikon von 1847. Gemeint ist damit der Fußweg, denn mit dem Auto fährt man die Strecke heute in fünf Minuten. Gerade im Sommer ist es auch heute reizvoll, den Ort von Wertheim aus zu Fuß zu erreichen. Ist man am westlichen Tauberufer gewandert, überquert man noch die malerische Tauberbrücke.

Der interessanteste Teil an diesem hübsch gelegenen Ort sind aber die Geschichten, die mit ihm verbunden sind. Auf dem Fußweg muss man das Sichelfeld durchqueren. Zum Sichelfeld erzählt man, dass am Abend vor Mariä Himmelfahrt, als das Fest eingeläutet wurde, eine Frau nicht aufhören wollte zu arbeiten, weil der Acker noch fertig geschnitten werden sollte. Dabei fiel sie rückwärts in ihre Sichel und verstarb an der Wunde. Man setzte zum Andenken daran einen Stein mit eingehauener Sichel auf den Acker. Der Stein soll, wenn man ihn verrückt, immer wieder an diesen Ort zurückkehren.

Grausiger geht es in der Sage um das Steinkreuznest zu, einer langen Reihe von Steinkreuzen in einer Mauer mit abschließendem Bildstock: Zwölf Höhfelder Burschen waren mit einem Mädchen von der Waldenhauser Kirchweih auf dem Heimweg. Hinter Reicholzheim gerieten sie um das Mädchen in einen Streit, der so ausartete, dass alle bis auf einen an dieser Stelle zu Tode kamen. Der Letzte ging noch eine Weile weiter, bis er sich aus Reue selbst umbrachte. Die Strecke, über die das Blut zu finden war, umfassen die Steinkreuze, sagt man, und die umliegenden Äcker werden bis heute die ›Streitäcker‹ genannt. Man erzählt sich, dass in manchen Nächten ein schwarzer Mann dort umgehe, der Wanderern auf den Rücken springe und sich eine Weile von ihnen tragen lasse. Nervenstarke Gemüter können einen Besuch in Reicholzheim nutzen, um nächtlich auszuprobieren, ob an dieser Sage etwas dran ist.

☞ Sehenswert sind die Barockaltäre in der Kirche St. Georg, die vom Würzburger Meister Balthasar Esterbauer Anfang des 18. Jahrhunderts angefertigt wurden.

WEINGUT MONIKA UND KONRAD SCHLÖR ///
MARTIN-SCHLÖR-STRASSE 22 /// 97877 WERTHEIM-REICHOLZHEIM ///
0 93 42 / 49 76 /// WWW.WEINGUT-SCHLOER.DE ///

WEINE VON HAND UND AUS DEM FASS

Reicholzheim – Weingut Schlör

2/11

»Wein machen ist meine Leidenschaft«, stellt Konrad Schlör fest, und das klingt nicht nur so dahingesagt. Die Fröhlichkeit im Gespräch und sein Stolz auf die Anlagen im Keller unterstreichen das deutlich. »Besser zu werden, ist die Motivation, in der mich meine Frau unterstützt.« Beide erzählen gern und ausführlich über ihre Arbeit.

Im Jahr 1984 begannen die Schlörs damit, ihren Betrieb aufzubauen. 6,5 Hektar umfassen alle Lagen, von denen ein Teil auf Muschelkalkboden liegt. Ein kleiner Teil jedoch besteht aus der derzeit einzigen Terassenlage im Taubertal auf Buntsandstein: dem Reicholzheimer Satzenberg. Familie Schlör setzt auf Qualität, auf Reduzierung der Menge und Weinlese komplett von Hand. Die Maische gärt in Holzgärbottichen, die Rotweine reifen in den hölzernen Barrique-Fässern bis zu 18 Monate. Es finden sich zwar auch Edelstahltanks, die zum Abfüllen genutzt werden, hölzerne Fässer dominieren aber in langen Reihen im Weinkeller der Schlörs. Der Anteil der Rotweine an der Gesamtmenge beträgt knapp die Hälfte. Insbesondere den aus der alten Rebsorte Schwarzriesling (auch Pinot Meunier) gewonnenen Wein loben die Kenner. Daneben wird Spätburgunder zur Abrundung des Rotweinsortiments angebaut. Zugunsten dieser traditionellen Sorten verzichtet Konrad Schlör auf andere. Bei den Weißweinen dominieren Müller-Thurgau, Riesling und Weißburgunder. Seit dem Jahr 1999, in dem die Schlörs den Vinum Rotweinpreis für ihren Spätburgunder bekamen, werden die Weine immer wieder ausgezeichnet. Der gemütliche Verkaufsraum lädt zu einer Weinprobe ein, bevor man sich für die Weine entscheidet, die man mitnehmen möchte. Für den Termin zu solch einer Weinprobe genügt ein Anruf. Zu finden ist das Weingut Schlör leicht: Man fährt von Wertheim kommend links in die Richolfsstraße, wovon die Martin-Schlör-Straße dann abzweigt.

Im Mai und September werden Weinproben-Wanderungen durchgeführt, für die man sich anmelden sollte. Die Termine sind auf der Homepage zu finden.

DER HEILIGE GAB DEN FINGERZEIG

Kloster Bronnbach

7

Im 11. Jahrhundert begab sich der heilige Bernhard von Clairvaux auf eine Pilgerreise, die ihn auch durch die Wildnis des Taubertals führte. Die Legende berichtet, dass er sagte, auch dort solle ein Kloster seines Ordens errichtet werden. Vier fränkische Edelleute griffen seine Bemerkung auf. Als sie einen passenden Platz suchten, flatterten der Sage nach drei weiße Lerchen auf. Man verstand das als Fingerzeig Gottes und baute das Kloster an dieser Stelle.

Zunächst hoch über dem Taubertal gelegen, ermöglichte wenige Jahre nach der Gründung eine Stiftung des Erzbischofs von Mainz den Umzug in den Talgrund an die Tauber im Weiler Brunnenbach. Raubritter, der Bauernkrieg, die Schweden suchten das Kloster heim, doch konnte es sich bis zum Anfang des 19. Jahrhunderts von jeder Landesherrschaft unabhängig halten.

1839 zerschnitt der Bau der Taubertalstraße das Klostergebäude. Noch besser erreichbar wurden Kloster und Ort 1870 durch den Bau des Bahnhofs, der etwas außerhalb der Ortschaft auf der anderen Tauberseite liegt. 1986 erwarb der Main-Tauber-Kreis das Kloster und sanierte es gründlich. Zisterzienser, Kapuziner und Dominikaner haben es zeitweise bewohnt und genutzt. Seit 2000 beleben Patres der Missionare von der Heiligen Familie den Konventbau.

Heute ist das Kloster weniger ein religiöser denn ein kultureller Mittelpunkt. Es finden vielfältige Veranstaltungen statt – Konzerte, Ausstellungen, Kurse, Tagungen. Ich habe hier bereits mehrmals Textarbeitsworkshops veranstaltet. Die Teilnehmer waren alle von Atmosphäre und Umgebung des Klosters beeindruckt und kamen gerne wieder. Das Museum für ländliches Kulturgut ist in der ehemaligen Fruchtscheuer untergebracht. In der Vinothek findet sich ein guter Bestand tauberfränkischer Weine. Die Führungssaison im Kloster dauert vom 31. März bis 1. November.

Das kleine Apsisfenster über dem Hochaltar der Abteikirche, das ›Auge Gottes‹, wirkt bei Einfall von Sonnenlicht besonders eindrucksvoll.

ZUR EULSCHIRBENMÜHLE GELANGEN SIE, INDEM SIE VON GAMBURG KOMMEND AUF DER L 506 AN DER BUSHALTESTELLE LINKS ABBIEGEN.

BÜRGERMEISTERAMT WERBACH /// HAUPTSTRASSE 59 /// 97956 WERBACH /// 0 93 41 / 9 20 80 ///

WO MELUSINE ZU HAUSE WAR

Eulschirbenmühle

8

Der Namenszusatz ›Mühle‹ lässt anderes erwarten; tatsächlich überrascht den Besucher ein schlossähnliches Gebäude. Das Wasserrad steht still, was ihm den Reiz und die verträumte Atmosphäre allerdings nicht nimmt.

Bereits 1245 wurde ›molendinum Ulscirben‹ als Wohnplatz beurkundet. Zunächst in der Hand des Klosters Bronnbach kam es im 16. Jahrhundert in den Besitz der Burg Gamburg. Das schlossartige Gebäude bei Eulschirbenmühle wurde Ende des 16. Jahrhunderts nachweislich durch die Grafen von Kronenberg erbaut.

Für Freunde verwunschener Orte ist Eulschirbenmühle genau das Richtige. Immer wieder begegnen mir Menschen dort, die sich erstaunt darüber äußern, dass sich solch ein Kleinod abseits der Wege findet. Die Sage der schönen Melusine ist mit diesem Ort verknüpft. Johann Andreas Fries teilte uns diese Sage in der speziellen tauberfränkischen Ausführung mit: Der Graf, der auf der Gamburg lebte und seine Tage mit Fischen und Jagen verbrachte, sah ein Mädchen von großer Schönheit an der Mühle vorübergehen. Er erfuhr, dass die Fremde seit Kurzem in der Mühle beschäftigt sei. Als er einmal sah, dass sie sich ihrer Kleider entledigte und in die Tauber sprang, wo sie dann als Wasserfrau mit Fischschwanz eine Weile ihr Vergnügen fand, stahl er ihr die Kleider und machte sie so zu seiner Geliebten. Der neidische Müller verbündete sich mit dem Abt von Bronnbach. Er belegte die Türschwelle mit einem Bann des Abtes. Die Wasserfrau verschwand für immer und der Graf starb bald vor Gram. Der Legende nach errichtete die Frau des Grafen das Schlösschen bei der Mühle an dieser Stelle als Denkmal, da sie ihren verstorbenen Gatten trotz allem liebte und sie ihm auch nach seinem Tode noch nahe sein wollte. Man erreicht Eulschirbenmühle, wenn man auf dem Weg von Bronnbach kommend kurz vor Gamburg rechts abbiegt und die Tauber überquert.

Die Hochwassermarken von 1595 sind noch am Gebäude zu sehen und einen Blick wert.

BURG GAMBURG /// 97956 GAMBURG /// 0 93 48 / 6 05 ///
WWW.BURG-GAMBURG.DE ///

RITTER UND GEISTER ÜBER DEM TAUBERTAL

Burg Gamburg

9

Kaiser Barbarossa auf dem Kreuzzug ins Heilige Land – das ist etwas, was man eigentlich im Taubertal nicht erwartet. Und doch ist es hier zu finden, auf der Gamburg, die hoch über dem Dorf und der Tauber thronend gut zu sehen ist, gleich aus welcher Richtung man auf Gamburg zufährt. Die im 12. Jahrhundert vom Bischof von Mainz erbaute Burg erhielten zunächst die Edelfreien von Gamburg als Lehen. 1722 erbten sie die Freiherren von Ingelheim. Bevor 1980 die Familie von Mallinckrodt die Burg in Besitz nahm, wurde sie als landwirtschaftliche Schule genutzt.

Die Anlage besteht aus einem staufischen Bergfried mit einer Mauerstärke von etwa drei Metern und daran anschließend den ehemaligen Stallungen sowie dem sogenannten Försterhaus. Im Palasbau, dem repräsentativen Saalbau mittelalterlicher Burgen, ist dann der Kreuzzug Friedrichs I., genannt Barbarossa, zu finden: Bei Renovierungsarbeiten wurden unter dem Putz spätromanische Ausmalungen entdeckt. Es handelt sich dabei um die ältesten weltlichen Wandmalereien nördlich der Alpen (um 1200), die Szenen aus dem Kreuzzug des Stauferkaisers und eine der frühesten deutschen Inschriften enthalten. Allein dieses Detail lohnt eine Besichtigung. Der staufertreue Beringer der Jüngere von Gamburg wird als ein bedeutender Teilnehmer des Kreuzzugs erwähnt.

Dank des Eingreifens Götz von Berlichingens blieb die Burg im Bauernkrieg als eine der wenigen unversehrt. In der Renaissance baute man sie zum Teil um. Der statuengeschmückte Burgpark unterhalb der mauerbewehrten Felsen ist nach alten Plänen im Barockstil stimmungsvoll mit botanischen Raritäten der Zeit wiederbelebt.

Die Burg und der Ort Gamburg haben uns immer zu einem Stopp motiviert, egal ob wir mit dem Auto unterwegs waren oder als Familie mit dem Rad. Ein Picknick am Tauberufer ergänzt die Burgbesichtigung optimal.

Von den Veranstaltungen ist vor allem die Sagen- und Geisterführung zu empfehlen, die am Abend beginnt und in die Nacht hineinführt.

VOM RITTERSPIEL BIS ZUM POPKONZERT

Freilichtaufführungen in Tauberfranken

Ins Theater gehen kann man bei jeder Witterung – das Wetter bleibt ja draußen. Freilichtaufführungen im Sommer spielen immer mit dem Risiko, dass man dabei im Regen steht, vielleicht sogar die Veranstaltung ausfällt. Trotzdem: Solche Events haben ihren Reiz und können bei schönem Wetter und gutem Umfeld eine Innenraumaufführung durchaus überbieten. Das Taubertal bietet eine Reihe solcher Veranstaltungen.

In Wertheim lädt der Burggraben zu Freiluftkonzerten ein. Vom klassischen Streichquartett über das Mittelalterspektakel bis zur Popmusik wurde bislang alles geboten und auch für die Zukunft ist einiges angesagt. Es ist ratsam, auf die Webseite (www.wertheim.de) zu schauen, um festzustellen, was aktuell ansteht. Im Freien finden im Kloster Bronnbach – bei gutem Wetter – die Kreuzgangsserenaden statt. Aber auch die Wandelkonzerte dort sind interessant, die zwar nicht im Freien aufgeführt werden, dafür aber das ›Wandeln‹ zwischen den verschiedenen Sälen, vom schlichten Bernhardsaal bis hin zum prunkvoll barocken Josephsaal, anregen. Das aktuelle Programm ist auf der Homepage (www.kloster-bronnbach) zu finden.

Tauberbischofsheim und Bad Mergentheim bieten im Sommer (meist im Juli und/oder August) Open-Air-Kino. In Tauberbischofsheim findet es auf dem Schlossplatz statt und wird vom Rotary Club Tauberbischofsheim veranstaltet. Bad Mergentheim stellt den Innenhof des Deutschordensmuseums für dieses Freilicht-Kinovernügen zur Verfügung. Nicht jährlich, aber doch immer wieder werden im Schlosshof größere Veranstaltungen unter dem Titel ›Lieder im Schloss‹ geboten. Bob Dylan, Neil Young, Supertramp und Santana waren unter anderem bereits zu Gast, Bob Dylan sogar zweimal – einmal 1991 und dann wieder 2012. Im reizvollen Schlosspark, umgeben von alten Gebäuden und Bäumen und von überschaubarer Größe ist das ein ganz anderes Ambiente als in großen Stadien und Hallen. Ich ziehe das jedenfalls unpersönlichen Großevents allemal vor.

Ebenfalls nicht jährlich, aber doch immer wieder gibt in Weikersheim die Junge Oper Schloss Weikersheim etwas zum Besten. Die Jeunesses Musicales Deutschland, die in Weikersheim ihren Sitz hat, organisiert dann eine Opernaufführung mit überwiegend jungen Musikern im Schlosshof. Nicht weit von Weikersheim entfernt, werden in Röttingen seit 1984 jedes Jahr die Festspiele veranstaltet. Im Freilichttheater im Hof der Burg Brattenstein sind Schauspiele, Operetten und Musicals zu sehen. Hinzu kommen Stargäste wie Wolfgang Ambros, Konstantin Wecker, Willy Astor, Reinhard Fendrich bei Einzelveranstaltungen. Seit 1997 gibt es auch spezielle Aufführungen für Kinder.

Recht mittelalterlich geht es in der Stadt Aub zu. Im Schatten des Auber Schlosses findet jährlich im Sommer ein Ritterspektakel statt mit Turnier und manch anderer ritterlichen Vergnügung.

Rothenburg ob der Tauber bietet gleich mehrere Attraktionen für Sommer-Festspiel-Freunde. Das historische Volksschauspiel ›Der Meistertrunk‹ ist nicht nur ein sehenswertes Schauspiel, sondern wird von einem großen Historienspektakel begleitet, das sich durch die ganze Altstadt zieht. Jedes Jahr zu Pfingsten schlängelt sich dort ein großer Heereszug durch – mit originalgetreuen Kostümen und Waffen, Feldlager und vielem anderem mehr. Jedes Jahr am Oster- und Pfingstsonntag sowie zu den Reichsstadttagen im September wird auf dem Rathausplatz der Schäfertanz aufgeführt, der an die alte Schäfertradition erinnern soll. Nicht nur im Freien, sondern auch im Kaisersaal des Rathauses oder im Topplertheater werden jährlich Schwänke des alten Nürnberger Meistersingers Hans Sachs gespielt.

Nicht eigentlich zur Region Tauberfranken gehört Giebelstadt. In diesem von Bad Mergentheim aus – über die B 19 Richtung Würzburg – leicht und schnell erreichbaren unterfränkischen Städtchen werden jedes Jahr die Freilichtspiele um den Ritter Florian Geyer im Bauernkrieg inszeniert, die das Publikum auf drastische, plastische Weise in ihren Bann ziehen.

PFEIFERHAUS /// WERTHEIMER STRASSE /// 97956 NIKLASHAUSEN ///

GEMEINDE WERBACH BÜRGERMEISTERAMT /// HAUPTSTRASSE 59 ///
97956 WERBACH /// 0 93 41 / 9 20 80 /// WWW.WERBACH.DE ///

PFEIFERHANS UND FILMEMACHER

Niklashausen

10

Jeder solle seinen Lebensunterhalt mit eigener Hände Arbeit verdienen, Standesunterschiede, Abgaben und Frondienste sollten abgeschafft werden und Privatbesitz an Grund und Boden sei in gemeinschaftliches Eigentum zu überführen. Das waren die Kernpunkte eines ›neuen Reiches Gottes auf Erden‹, die der Pfeiferhans 1476 erstmals in Niklashausen predigte. Dass dies nicht lange gutgehen konnte, ist klar. Am 12. Juli desselben Jahres wurde er verhaftet und nach Würzburg gebracht. Bereits am 19. Juli brannte er auf dem Scheiterhaufen. Rainer Werner Fassbinder drehte 1970 den Film ›Niklashauser Fahrt‹, der allerdings kein üblicher Historienfilm ist, sondern ein Experiment, das die Geschichte aus dem 15. Jahrhundert mit der Studentenbewegung der 1970er-Jahre verwebt.

Bereits 1170 wurde das Dorf Nicozeshusen erstmals urkundlich erwähnt. Wirkliche Bedeutung erhielt es aber erst durch den Pfeiferhans: Hans Böhm war ein um 1458 in Helmstadt in Unterfranken geborener Viehhirte, der schon in jungen Jahren in der Region als Hirte und Trommler, damals ›Pauker‹, unterwegs war. Zur Fastenzeit 1476 begann er in jugendlicher Schwärmerei als Prediger für eine bessere Weltordnung aufzutreten. Anlass war für ihn eine Marienerscheinung, die ihm auftrug, vor der Kirche von Niklashausen mit dem Predigen zu beginnen. Unter der Folter gab er dann aber einen Geistlichen an, der ihn dazu aufgefordert habe, Menschen von der Umkehr zu überzeugen. Hans verbrannte vor der Kirche seine Pauke und hielt seine erste Predigt. Seine Botschaft von einem anderen Wirtschaftssystem breitete sich wie ein Lauffeuer aus und führte zu einem Andrang von Wallfahrern, die den jungen Prediger hören wollten.

Das Pfeiferhaus birgt ein Museum, in dem einiges um Hans Böhm, genannt ›der Pfeiferhans‹, zu erfahren ist.

GEMEINDE WERBACH BÜRGERMEISTERAMT /// HAUPTSTRASSE 59 ///
97956 WERBACH /// 0 93 41 / 9 20 80 /// WWW.WERBACH.DE ///

QUELLE AN DER KAPELLE

Werbach – Werbachhausen

11

Nachdem er viel Unglück und Leid erfahren hatte, zuletzt auch seine Braut ums Leben gekommen war, ließ Georg Martin Erlenbach von Werbach, ein wohlhabender Bauer des 18. Jahrhunderts, einen Bildstock machen. Bei den Aufstellarbeiten trat eine neue Quelle zutage, die keiner erwartet hatte. Erlenbach ließ sie fassen – denn er war für das Verschwinden einer anderen Quelle verantwortlich – und darüber ein Kirchlein bauen.

Zwischen Werbach und dem östlich gelegenen Werbachhausen sprudelte seit jeher eine Quelle. Anfang des 15. Jahrhunderts errichtete man dort erstmals eine Kapelle aus Holz. Schon vorher soll dort ein steinernes Muttergottesbild gestanden haben. Einer der Männer, die wahrscheinlich im 18. Jahrhundert die Holzkapelle renoviert haben, war Georg Martin Erlenbach. Er soll aus Missgunst die ursprüngliche Quelle verschüttet haben. 1902 wurde die alte, morsche, immer wieder notrenovierte Kapelle abgebrochen und eine neue Kirche aus rotem Taubertalsandstein gebaut. Dort finden heute von Mai bis Oktober – außer in den Ferien – regelmäßig am Wochenende Wallfahrtsämter statt.

Urkundlich erwähnt ist das Pfarrdorf Werbach erstmals um 1200. Ansässig waren die Edlen von Wertpach. Dass die Pest im Jahr 1563 fast 500 Menschen töten konnte, zeigt, dass es sich um keine kleine Gemeinde handelte.

Fährt man ein Stück weiter, so kommt man nach Wenkheim, wo die ehemalige Synagoge zu finden ist. Bis zur Pogromnacht 1938 wurde sie als solche genutzt, anschließend diente sie als HJ-Heim, als Kriegsgefangenenlager und nach dem Krieg bot sie heimatvertriebenen Familien Obdach. Seit der Renovierung im Jahr 1992 wird sie als katholisches Gemeindehaus und von einem Verein genutzt, der sich der Erforschung der jüdischen Geschichte in der Region gewidmet hat.

Beachten Sie in der Liebfrauenbrunnkapelle den Flügelaltar zum Marienleben, der von Thomas Buscher stammt, einem der Söhne des Werbachers Franz Anton Buscher.

DIE BRUNNEN- UND QUELLENSTADT

Külsheim – Altstadt

12

Den ersten Brunnen soll man sich im Zuge kriegerischer Handlungen aus Bronnbach geholt haben. Alle anderen sind aber direkt in Külsheim aufgestellt oder gestiftet worden. Bei einem Spaziergang durch die Stadt begegnet man an vielen Stellen einem Brunnen – im Sommer hat man hier nicht unter Trockenheit zu leiden.

Unter dem Namen Cullesheim taucht die Ortschaft erstmals 1144 auf. 1292 verlieh Adolf von Nassau das Stadtrecht. Im alten Schloss, in dem auch die Stadtverwaltung untergebracht ist, finden heute immer wieder Mittelalterfeste statt.

Die vielen Brunnen, denen man in der Stadt an allen Ecken und Plätzen begegnet, sind keine Marotte der Stadtväter. Die vielen Quellen für das Brunnenwasser resultieren aus der günstigen Lage: Der Rötquarzit ist porös und hat Klüfte, in denen sich Grundwasser sammeln kann. Außerdem neigen sich die Gesteinsschichten Külsheim zu, sodass das Wasser genau in die richtige Richtung fließt. 19 Brunnen führen derzeit Wasser im Ort. Nicht alle stammen aus alter Zeit. Der älteste sprudelt seit 1481 – es ist der Dreischalenbrunnen, der auch das Külsheimer Stadtwappen ziert. Eine ganze Reihe kam auch erst in den letzten 100 Jahren hinzu, der Römerbadbrunnen 1960, der Boxhagelfestbrunnen in der Rathausstraße 1979 oder der Narrenbrunnen am Kirchberg am 11. November 2005. Mit den Brunnen sind auch Ereignisse verbunden, die keine gute Erinnerung hervorrufen. So fand am 2. September 1939 am Brunnen beim Alten Rathaus die sogenannte ›Brunnentaufe‹ statt. Man ›tunkte‹ die noch verbliebenen männlichen Juden gewaltsam in den Brunnen, der am Sabbat als Treffpunkt gedient hatte.

Für Wanderfreunde ist Külsheim ein guter Ausgangspunkt. Es gibt zahlreiche ausgezeichnete Wege für kürzere und längere Wanderungen, etwa den Drei-Bäche-Weg (10 Kilometer) oder die Orchideen-Wanderung (13,5 Kilometer).

Im Buntsandstein haben sich 240 Millionen Jahre alte Abdrücke einer Sauriervorfahrenart erhalten. Auf dem Saurierwanderweg (5,5 Kilometer) kann man einige bewundern.

BÜRGERMEISTERAMT KÖNIGHEIM /// KIRCHPLATZ 2 ///
97953 KÖNIGHEIM /// 0 93 41 / 9 20 90 /// WWW.KOENIGHEIM.DE ///

KLEINST-VENEDIG IN TAUBERFRANKEN

Königheim – Altstadt

13

Etwas eigenartig klingt es schon, wenn Königheim seiner vielen Brücken über den Brembach wegen als Kleinst-Venedig bezeichnet wird. Aber wenn man mehrfach hinüber- und herübergelaufen ist, bekommt man zumindest ein bisschen so ein Gefühl, wie man es in Venedig haben kann, wenn man bei einem Spaziergang zahlreiche Brücken hinauf- und wieder hinabgestiegen ist. Über das Weniger an Wasser muss man in Königheim aber gnädig hinwegsehen.

Das Pfarrdorf Königheim wurde 1149 erstmals beurkundet, 1442 erhielt es das Marktrecht. Die Stadt hatte Zeit ihres Bestehens unter zahlreichen Katastrophen zu leiden. Feuer und Wasser spielten dabei eine wesentliche Rolle. 1550 brannten die Kirche und zahlreiche Gebäude ab. Grund war ein Streit zwischen Mesner und Lehrer, die beide im Kirchturm wohnten, und sich gegenseitig Brände legten. 1597 zerstörte ein anderes Feuer fast zwei Drittel des Dorfes jenseits des Brehmbachs. Kaiserliche Soldaten brannten 1635 die Pfarrkirche nieder.

Auch Hochwasser schadete der Stadt oft, zuletzt an Fronleichnam 1984. Nach schweren Regenfällen lief nicht nur der Brehmbach über, sondern auch das Rückhaltebecken Gissigheim. Es entstand Schaden in Höhe von umgerechnet fast 40 Millionen Euro. Es gab Verletzte, zerstörte und beschädigte Gebäude und Fahrzeuge sowie verendetes Vieh.

Gerichtlich beurkundet ist ein spektakulärer Mordfall: Im Jahr 1820 ermordeten eine Müllerin mit Hilfe ihres Geliebten und der Magd ihren Mann. Alle drei wurden zum Tode verurteilt und öffentlich hingerichtet. Ein makabres Detail dieser Geschichte ist, dass der Scharfrichter ein Freund des Verurteilten war. Für heutige Besucher interessant sind aber weniger die Schauer- und Katastrophengeschichten, sondern dass Königheim auch als Wein- und Erholungsort gilt. Die Weinfeste im Sommer und die wunderschöne Umgebung laden zum Verweilen und Wandern ein.

Einen Besuch wert ist das über die Region hinaus bekannte Weinblütenfest, das immer am letzten Wochenende im Juni stattfindet.

WEINGUT ELISABETH UND NORBERT GEIER /// BAUGASSE 10 ///
97953 KÖNIGHEIM /// 0 93 41 / 45 39 ///
WWW.OEKOWEINGUT-GEIER.DE ///

WENIGER ERTRAG FÜR BESSERE QUALITÄT

Königheim – Weingut Geier

3/11

»Alle unsere Trauben werden noch handverlesen. Maschinelle Ernte kommt in unseren Weinlagen nicht infrage«, sagt Norbert Geier und blickt stolz über seine Weinflächen oberhalb von Königheim. Zwischen den Rebreihen zeigt sich ein vielfältiger Bewuchs verschiedener Begrünungspflanzen.

Das Weingut, das sich etwa 35 Kilometer südwestlich von Würzburg im Bereich Tauberfranken befindet, bewirtschaften Elisabeth und Norbert Geier nach ökologischen Grundsätzen. Sie verzichten auf chemisch-synthetische Spritzmittel, Unkrautbekämpfungsmittel und Mineraldünger. Außerdem betreiben sie Bodenpflege, die den Boden vor Erosion schützt, die Ernährung der Reben unterstützt und vielen Nützlingen einen Lebensraum bietet. Deshalb sind schädliche Insekten kaum ein Problem für diese Weinlagen. Zwischen den Rebreihen sät Norbert Geier immer wieder unterschiedliche Begrünungspflanzen aus. Da nach drei bis vier Jahren eine Vergrasung droht, muss diese Aussaat regelmäßig wiederholt werden. Das Weingut ist Vertragsbetrieb im Bundesverband ökologischer Weinbau ECOVIN. Bereits seit 1990 werden die Weinberge des Familienbetriebs nach ökologischen Grundsätzen bewirtschaftet. Nach mehr als 20 Jahren ökologischem Anbau lässt sich schon von einem Traditionsbetrieb sprechen. Da auch der Sohn Christian inzwischen das Winzerhandwerk erlernt hat, darf man davon ausgehen, dass dieser Betrieb noch lange fortgeführt wird.

Angebaut werden Müller-Thurgau, Silvaner, Riesling, Weißer Burgunder und Schwarzriesling, außerdem Johanniter, Kerner, Bacchus, Dornfelder und Regent. Norbert Geier begrenzt den Ertrag pro Hektar durch weinbauliche Maßnahmen wie zum Beispiel Rückschnitt, um eine gute Weinqualität zu gewährleisten. Seit 1999 werden Weine aus dem Weingut Geier immer wieder ausgezeichnet, nicht nur mit Preisen für Bioweine, sondern auch bei internationalen Weinverkostungen.

Im Frühjahr und Herbst ist die eigene Weinwirtschaft geöffnet. Neben Wein werden auch tauberfränkische Spezialitäten aus Elisabeths Küche angeboten.

STADT TAUBERBISCHOFSHEIM – TOURIST-INFORMATION ///
MARKTPLATZ 8 /// 97941 TAUBERBISCHOFSHEIM /// 0 93 41 / 8 03 33 ///
WWW.TAUBERBISCHOFSHEIM.DE ///

STADT DER FECHTER

Tauberbischofsheim – Altstadt

14

Bis ins 19. Jahrhundert hieß der Ort einfach nur Bischofsheim. Da es aber zwei weitere Orte mit diesem Namen gab, bürgerte sich die heutige Bezeichnung ein. Bekannt wurde die Stadt nach dem Zweiten Weltkrieg durch den Fechtsport. Fechter des Tauberbischofsheimer Clubs errangen bei den Olympischen Spielen mehr als 20 Medaillen und über 200 bei Welt- und Europameisterschaften.

Kein Geringerer als der Bischof Bonifatius gründete im Jahre 735 mit seiner Verwandten, der heiligen Lioba, an der Tauber das erste deutsche Frauenkloster. In der Lebensbeschreibung der Heiligen wird ›Biscofesheim‹ erstmals 836 erwähnt. Vom Kloster gibt es heute keine Spuren mehr. Die Stadt, die von Kaiser Friedrich II. im Jahr 1237 die Stadtrechte erhielt, ist jedoch noch quicklebendig und mit alten und neuen Facetten zu sehen. Ende des 13. Jahrhunderts begann man mit dem Bau einer Stadtbefestigung und dem Schloss. Von den 20 Türmen der Stadtbefestigung steht heute nur noch einer – der Türmersturm, das Wahrzeichen der Stadt. Und auch der entging 1848 nur knapp seinem Abriss.

Mit Muße und Zeit durch die Altstadt zu schlendern, ist die angemessene Art, diesen Stadtkern kennenzulernen. Es gibt einiges zu sehen: Das neugotische Rathaus etwa, das De-la-Roche-Haus oder das Mackert-Haus, das 1744 als Barockpalais erbaut wurde. Nach dem Schlendern oder zwischendurch zur Erholung bietet sich ein Ausruhen vor einem der Cafés an oder eine Stärkung in einem der Restaurants der Stadt.

Anstatt allein zu gehen, können Sie sich aber auch einer der verschiedenen Stadtführungen anschließen, die mal mit einer Besteigung des Türmersturms, mal mit einer Weinprobe enden. Auch eine Führung durch das Olympiazentrum ist möglich und Kinderführungen werden ebenfalls angeboten. Am besten machen Sie gleich mehrere Führungen mit.

Am ersten Juliwochenende findet das von den Vereinen ausgerichtete Altstadtfest statt, das überregionalen Zulauf findet (www.asf-tbb.de).

KURMAINZISCHES SCHLOSS (MUSEUM) /// SCHLOSSPLATZ 7 ///
97941 TAUBERBISCHOFSHEIM /// 0 93 41 / 7 33 99 ///
WWW.TAUBERBISCHOFSHEIM.DE ///

FREITAGS WIRD NOCH VOM TURM GEBLASEN

Tauberbischofsheim – Schloss

15

Der Türmer hatte im Mittelalter die Aufgabe, von einem Turm aus die Umgebung zu beobachten und bei Gefahr die Stadt zu warnen. Der Türmersturm auf dem Schlossplatz, das Wahrzeichen der Stadt, überragt auch heute noch alles. Sie können ihn besteigen: Er ist 28 Meter hoch und die 119 Stufen sollten die meisten ohne größere Anstrengung bewältigen. Wenn Sie Tauberbischofsheim in der Zeit von Mai bis Anfang Oktober besuchen, haben Sie vielleicht die Möglichkeit, das Turmblasen freitagabends zu hören.

Der neue Brunnen auf dem Schlossplatz wurde aus einem Mühlstein geschaffen zur Erinnerung, dass der durch die Stadt fließende Mühlkanal seinen Namen nicht ohne Grund trägt. Ursprünglich war das Schloss eine Wasserburg. Das Wirtschaftsgebäude aus dem 16. Jahrhundert stammt noch aus diesen Tagen. Das Jägerhäuschen, ein Fachwerkanbau aus der Renaissance, begrenzt den Schlosshof. Im Rahmen der Schlosskonzerte sind jährlich von September bis April bekannte Künstler und Ensembles im stimmungsvollen Rathaussaal zu hören. Im Schloss selbst ist das Landschaftsmuseum untergebracht, das in 17 Räumen von der sakralen Kunst bis zur Pfeifensammlung interessante Artefakte aus der Region enthält. Beachtenswert ist auch die Kopie des Tauberbischofsheimer Grünewald-Altars von 1524. Die Sammlung wird ergänzt durch eine vorgeschichtliche Sammlung mit Funden aus dem tauberfränkischen Raum bis hin zur fränkischen Landnahme. Geöffnet ist das Museum von Palmsonntag bis zum 31. Oktober.

Ist nach der Besichtigung des Schlossplatzes und des Museums noch ausreichend Zeit vorhanden, bietet sich eine Besichtigung des Trainingszentrums der Fechter und Olympiasieger an.

Wenn es Ihnen zu heiß wird, dann verlassen Sie den Schlossplatz besser und besuchen das zentrumsnah gelegene solarbeheizte Frankenbad.

WEINGUT ULRICH BUCK /// BRÜCKENSTRASSE 13 ///
97941 TAUBERBISCHOFSHEIM-IMPFINGEN /// 0 93 41 / 8 01 98 35 ///
WWW.WEINGUT-BUCK.DE ///

KELLERWIRTSCHAFT ALS KUNST

Impfingen – Weingut Buck

4/11

»Ich bin im super Weinjahr 1960 geboren«, erzählt Ulrich Buck stolz in seiner Besenwirtschaft. Seine Winzerlehre absolvierte er nach dem Abitur im Bürgerspital zum Heiligen Geist in Würzburg. Nach Erwerb des Meisterbriefes 1989 kam er ins liebliche Taubertal, wo er 1990 sein eigenes Weingut gründete – in Boxberg mit Weinlagen auf dem Sachsenflurer Kaliberg und dem Unterschüpfer Mühlberg.

Anfang 2009 bekam Ulrich Buck das Angebot, ein Weingut in Impfingen zu erwerben. Er schlug zu und zog mit seiner Kellerei von Boxberg dorthin. Die Lagen in Sachsenflur und Unterschüpf blieben weiterhin bestehen und werden nun ergänzt durch die Weinlage auf dem Impfinger Silberquell. Insgesamt bewirtschaftet er 5,5 Hektar. Von den vier Rotwein- und acht Weißweinsorten, die angebaut und gepflegt werden, sind die wichtigsten: Bacchus, Rivaner, Müller-Thurgau, Riesling, Grauburgunder, Schwarzriesling und Regent. Der Rotweinanteil beträgt 25 Prozent.

Ulrich Buck ist ein Pragmatiker. Handwerkliche Sorgfalt ist ihm wichtig, und als echter Winzermeister sorgt er dafür, dass die Weine qualitativ hochwertig reifen können. Er bezeichnet die Kellerwirtschaft als Kunst, die er mit seiner Liebe zur Natur verbindet. Bereits 1993 bekam er einen ersten Preis für einen selbst ausgebauten Wein.

Wie die anderen Winzer in Tauberfranken setzt er auf Direktvermarktung. Die Kunden kommen zu ihm, um den Wein zu kaufen. Ein Teil geht auch über den Versand. In der Besenwirtschaft kann der Wein saisonal direkt konsumiert werden. In der gemütlichen Weinstube wird auch eine Auswahl regionaler Spezialitäten angeboten, sodass Impfingen immer für einen Ausflug gut ist. Von Wertheim kommend biegt man von der L 506 rechts, von Tauberbischofsheim kommend links in die Straße Zum Plan ab, um dann in die Brückenstraße wiederum rechts abzubiegen.

Weinproben werden auch für Gruppen von 6 bis zu 40 Personen durchgeführt. Ein Anruf zur Terminabstimmung genügt.

DISTELHÄUSER BRAUEREI /// GRÜNSFELDER STRASSE 3 ///
97941 TAUBERBISCHOFSHEIM ///
0 93 41 / 8 05 88 (ERLEBNISBESICHTIGUNGEN) ///
WWW.DISTELHAEUSER.DE ///

DIE DREI ›DI‹ ZWISCHEN TAUBERBISCHOFSHEIM UND LAUDA

Rund um Tauberbischofsheim

16

Die letzte Verfilmung von ›Die drei Musketiere‹ aus dem Jahr 2011 wurde teilweise vor der prächtigen Barockkulisse der Würzburger Residenz gedreht. Gebaut hatte sie der berühmte Baumeister Balthasar Neumann. Von ihm findet man aber nicht nur in den großen Städten Beispiele seiner Baukunst, sondern auch in der Provinz: In Distelhausen etwa die Barockkirche St. Markus, die im Jahr 1731 unter seiner Aufsicht errichtet wurde. Ein zweites Objekt ist nicht zu übersehen in Distelhausen – die Brauerei. Je nach Neigung kann das eine oder das andere Bauwerk besichtigt werden. Die Distelhäuser Brauerei bietet nicht nur einen Ausschank, sondern auch ›Erlebnisbesichtigungen‹ an, und zwar die ganze Woche über, von Montag bis Sonntag. Aber Zeit braucht man dazu schon, drei bis vier Stunden sollten eingeplant werden. Da geht es, wenn Sie nicht gerade eine meditative Pause einlegen möchten, in der Barockkirche schneller.

Der nächste Ort am Radweg ist Dittigheim. Auch hier steht eine Barockkirche: St. Vitus, 1748 ebenfalls von Balthasar Neumann erbaut. Bei Dittigheim wurden prähistorische Grabfunde aus der Jungsteinzeit gemacht, die belegen, dass die Gegend bereits vor 4000 Jahren besiedelt war. Dazu finden Sie allerdings nichts in Dittigheim, sondern im Kurmainzischen Museum in Tauberbischofsheim, in dem Exponate der Ausgrabungen, insbesondere zahlreiche Grabbeigaben, ausgestellt sind.

Haben Sie stattdessen Dittwar im Muckbachtal, südwestlich von Tauberbischofsheim aufgesucht, so können Sie dort die 1753 erbaute Barockkirche St. Laurentius besuchen. Zu der im Wald gelegenen Kreuzkapelle finden jährlich Wallfahrten statt, und zwar im Mai und September. Die Kapelle wurde an einer Stelle erbaut, an der im Jahr 1683 Kinder Heiligenfiguren gefunden haben.

Wer an Kunst interessiert und gut zu Fuß ist, für den lohnt ein Ausflug nach Impfingen: Die Pfarrkirche enthält mittelalterliche Fresken. Ein Bildstockrundwanderweg führt um den Ort.

STADT GRÜNSFELD /// HAUPTSTRASSE 12 /// 97947 GRÜNSFELD ///
0 93 46 / 9 21 10 /// WWW.GRUENSFELD.DE ///

DIE MELUSINE AM GRÜNBACH

Grünsfeld – Altstadt

17

Die Landschaft, in die Grünsfeld eingebettet ist, ist ›anmutig hügelig‹, wie ein Autor aus dem 19. Jahrhundert schreibt. Den Namen hat die Stadt vom Grünbach, der sich hier mit dem Wittigbach vereinigt und der Tauber zufließt. Eineinhalb Stunden Fußweg, je nach Tempo 20 bis 30 Minuten mit dem Rad und kaum mehr als zehn Minuten mit dem Auto braucht man, um Lauda und damit auch wieder die Tauber zu erreichen.

Erste urkundliche Erwähnung findet Grünsfeld um 750, Stadtrechte verliehen wurden 1320. Warum aber soll man Grünsfeld überhaupt anfahren? Sehenswert ist das Renaissance-Rathaus in der Altstadt aus dem Jahr 1579. Ein angebauter Treppenturm stammt von 1620. 905 Gulden, 6 Pfund und 11 Pfennige wurden in der Stadtrechnung vom Jahr 1579 als Kosten für den Rathausbau vermerkt. Die tatsächlichen Kosten spiegelt dieser Betrag aber nicht wider, denn vieles wurde durch Fronarbeit erbracht. Wenn man außen genau hinschaut, dann findet man am Turm des Rathauses auch die Melusine – die Wassernixe – verewigt, an die man schon in der Eulschirbenmühle erinnert wurde.

In der Pfarrkirche befinden sich gotische Grabmale, darunter auch ein Werk von Tilman Riemenschneider: das der Gräfin Dorothea von Rieneck. Die Innenausstattung, teils barock und teils im Rokokostil, ist bewundernswert. Sehenswert ist auch der Burgfelsen mit Resten der Stadtmauer. Am Fuße steht eines von vier steinernen Altarhäuschen: Zwei gedrehte Säulen, frei vor der Front stehend, tragen einen geschwungenen und gebrochenen Barockgiebel. Ein Lieblingsplatz kann diese kleine fränkische Stadt vor allem dadurch werden, dass sie sich gut als Ausgangspunkt für Ausflüge in die Umgebung eignet.

Im Sommer gibt sich Grünsfeld gerne festlich: Straßen- und Brunnenfeste werden von den verschiedenen Grünsfelder Vereinen vor allem im Juni ausgerichtet.

STADT GRÜNSFELD GRÜNSFELD-HAUSEN /// KAPELLENSTRASSE ///
97947 GRÜNSFELD /// 0 93 46 / 9 21 10 /// WWW.GRUENSFELD.DE ///

DIE DOPPELTE ACHT FÜR DEN HEILIGEN ACHATIUS

Grünsfeld-Hausen – Achatiuskapelle

18

Als ich das erste Mal dran vorbeifuhr, bin ich auf die Bremse gestiegen und habe das Auto angehalten. »Hat man da eine Kirche im Boden versenkt?«, ging mir durch den Kopf. Aber es ist anders.

Grünsfeldhausen wäre nicht mehr als eine kleine Häuseransammlung, läge hier nicht eine der drei Oktogonkirchen, die in Tauberfranken zu finden sind. Die romanische Achatiuskapelle, gut von der Durchgangsstraße aus zu sehen, ist ein Doppel-Oktogonbau aus dem 12. Jahrhundert.

Mit ›Oktogon‹ bezeichnet man Gebäude, deren Zentralbau im Grundriss die Form eines regelmäßigen Achtecks haben. Bei Sakralbauten steht die Acht meist für Perfektion, im Christentum auch für die Auferstehung Jesu Christi. Der Felsendom in Jerusalem (7. Jahrhundert), ein Heiligtum des Islam, hat ebenfalls diese Form. Vermutlich haben Kreuzritter das Konzept des achteckigen Grundrisses aus dem Heiligen Land mitgebracht. Auch der Stauferkaiser Friedrich II., selbst vom Morgenland beeinflusst, ließ achteckige Burgen erbauen. Die Achatiuskapelle ist, wie die anderen beiden Oktogonkapellen, eine Stiftung eines heimgekehrten Kreuzfahrers, der damit seine Dankbarkeit Gott gegenüber für die überstandenen Gefahren ausdrücken wollte. Die Kapelle scheint auf den ersten Blick in den Boden gebaut zu sein, denn die heutige Talaue liegt mehr als drei Meter über dem Kapelleneingang. Grund dafür ist der Grünbach, der im Laufe der Jahrhunderte das Tal zugeschwemmt und die Grundfläche angehoben hat. Man hat deshalb später den Eingang höher gesetzt. Erst 1905 wurde der ursprüngliche Eingang wieder freigelegt.

Diese Kapelle weicht von den anderen Oktogonkapellen schon von außen ab, denn Gemeinderaum und Chor sind als zwei Achtecke aneinander gefügt. An ihrem Schnittpunkt wächst der hohe, schlanke, mit Schiefer gedeckte Turm empor.

Auch in Gaurettersheim soll es eine Oktogonkapelle gegeben haben, die aber im 19. Jahrhundert einem neoromanischen Bau weichen musste.

ST. SIGISMUNDKAPELLE – SCHLÜSSEL ODER FÜHRUNGEN GIBT INGRID SEUBERT /// KAPELLENBERG 13 /// 97977 OBERWITTIGHAUSEN /// 0 93 47 / 4 23 ///WWW.WITTIGHAUSEN.DE ///

ERINNERUNG AUS DER KREUZFAHRERZEIT

Oberwittighausen – St. Sigismundkapelle

19

Dass alte Kapellen ein Geheimnis besitzen, ist allenfalls in der Schauerliteratur zu finden. Oder in Oberwittighausen. Auch hier steht eine Oktogonkapelle, und zwar die des heiligen Sigismund, die um 1150 errichtet wurde. Doch so hieß sie nicht von Anfang an. Zunächst war sie den Heiligen Nikolaus und Martin geweiht. Im Jahr 1354 wurden die Gebeine des heiligen Sigismund aus dem Burgund nach Prag gebracht – auch in dieser Kapelle machte man Station. Aus diesem Grund widmete man sie kurzerhand um.

Der Zentralbau bildet ein unregelmäßiges Oktogon. Betritt man die Kapelle, so sieht man sofort, dass der Turm nicht auf das Dach gesetzt wurde, sondern auf vier Säulen ruht.

Im Dreißigjährigen Krieg wurde die Sigismundkapelle bis auf die Grundmauern zerstört, danach aber wieder aufgebaut. 1658 wurde der Auf- und vermutlich auch Umbau abgeschlossen und in dieser Form ist sie heute noch zu sehen. Geheimnisvoll muten schon die Ornamente am Eingangsportal an. Sind es vielleicht Hinweise auf mystische Erfahrungen, die die Kreuzritter im Orient gemacht haben? Auch einen Geheimgang gibt es und ein Gewölbe, das man 1810 entdeckt hat und das bis heute noch nicht geöffnet wurde.

Eine Trockenmauer umschließt die Kirche. Innerhalb dieser findet sich eine schöne, große Linde, die ausreichend Schatten wirft und im Sommer einlädt, auf der Bank Platz zu nehmen und auszuruhen. Es ist eine gute Gelegenheit nachzudenken, zu lesen oder, falls man nicht allein ist, Gespräche über Gott und die Welt zu führen. Ich komme deshalb gerne hierher, besonders an heißen Tagen, ein Buch oder mein Netbook dabei. Die Figuren am Portal und die Zeichnungen in der Kapelle regen zu Geschichten und Erzählungen an, was immer hilfreich ist, wenn sich mal so gar keine Ideen beim Schreiben einstellen wollen.

Unterhalb der Sigismundkapelle liegt die Dorfkirche St. Ägidius, die im 18. Jahrhundert erbaut wurde und die eine schöne barocke Ausstattung hat.

HEIMAT- UND KULTURVEREIN GERLACHSHEIM /// HOCHTALSTRASSE 26 ///
97922 LAUDA-KÖNIGSHOFEN /// 0 93 43 / 83 58 ///
WWW.HUKV-GERLACHSHEIM.DE ///

KLOSTERFRAUEN UND METZEMICHELE

Gerlachsheim – Grünbachbrücke

20

Zwei Kilometer vor Lauda fließt der Grünbach in die Tauber, etwas vorher, zur linken Seite des Grünbachs, liegt Gerlachsheim im Talausgang. Die Lage ist günstig für einen Ort und so verwundert es nicht, wenn Siedlungsspuren 4000 Jahre in die Vergangenheit weisen. Aber auch in der Gegenwart ist Gerlachsheim noch ein schönes Plätzchen.

Sehenswert in Gerlachsheim ist die Mariensäule vor dem Klostergebäude und die Barockkirche, erbaut von Pater Sebaldus Appelmann um 1730. Die dreischiffige Basilika gehört zu den schönsten Kirchen der Region. Reiche Stuckarbeiten verzieren Chor und Kuppelraum sowie die im Rokokostil verzierte Kanzel. Die von Johannes Philipp Seufert aus Würzburg 1754 erbaute Orgel ist eine der ältesten in der ganzen Region.

Auf jeden Fall gesehen haben sollte man aber die Brücke, die über den Grünbach führt und die man passieren muss, wenn man zu Fuß oder mit dem Rad nach Grünsfeld will oder von dort kommt. Sie gilt als eine der schönsten Steinbrücken in Franken und ist deshalb in vielen Brückenkatalogen und -listen zu finden. Anfang des 17. Jahrhunderts wurde die alte Brücke abgerissen und eine neue gebaut. Vier Statuen zieren den Steinbau. Sie zeigen den heiligen Kilian, den Erzengel Michael, den heiligen Burkard und den heiligen Johannes von Nepomuk, der als Schutzpatron aller Brücken gilt. Aber nicht diese Heiligen machen die Brücke zu einem Lieblingsplatz, sondern dass sie auch in einem modernen Stadtteil noch eine richtige Idylle schaffen kann. Egal was Sie sonst vorhaben, einen Abstecher dorthin sollten sie machen, möglichst an einem schönen, sonnigen Tag.

Auch gruselige Sagen kann Gerlachsheim vorweisen, etwa die vom geizigen Bauern, dem Metzemichele, der heute noch auf einem Feld zwischen Gerlachsheim und Marbach herumspuken und Leute an einen Baum fesseln soll.

Ein Spaziergang in die Weinberge von Gerlachsheim im Frühjahr und Sommer lohnt schon wegen der Trockenmauern und der dort wild wachsenden Lilien.

WEINGUT BAUMANN /// HERRENBERGSTRASSE 7 ///
97922 GERLACHSHEIM /// 0 93 43 / 8 179 ///
WWW.BIOWEINGUT-BAUMANN.DE ///

MIT 13 JAHREN DEN ERSTEN WEINBERG GEKAUFT

Lauda – Bioweingut Baumann

5/11

Der erste Gang führt hinter das Haus, auf großflächige Wiesen mit Bäumen und Sträuchern, auf denen das Obst wächst, das zu Likören und Obstbränden verarbeitet wird, beispielsweise Himbeeren und Brombeeren. Hier stehen auch die Bienenstöcke, die für die Befruchtung der Bäume sorgen und den Honig in den Waben füllen, der ebenfalls im Weingut Baumann hergestellt wird.

Mit 13 Jahren habe er seinen ersten Weinberg gekauft, erzählt Michael Baumann stolz. Für ihn sei immer klar gewesen, dass er die Tradition der Familie, die seit 1870 besteht, weiterführt. So machte er nach dem Abitur eine Winzerlehre, studierte anschließend Weinbau und brachte den als Nebenerwerb geführten Betrieb in die Selbstständigkeit. Seit dem Jahr 2008 ist der Betrieb komplett umgestellt und wird biologisch-dynamisch bewirtschaftet. Es sei selbstverständlich eine wichtige Angelegenheit, die Natur zu schützen. Ganz deutlich würde aber auch der Wein von der biologischen Erzeugung der Trauben profitieren. Schädlinge finden natürliche Widersacher und ein gesunder Boden trage auch zu einer vielschichtigen Aromenstruktur im Wein bei.

Auf den sechs Hektar Flächen oberhalb von Gerlachsheim und in Marbach werden überwiegend Müller-Thurgau, Silvaner, Spätburgunder, Schwarzriesling und Regent angebaut. Ein wichtiges Anliegen für Michael Baumann, der zusammen mit seinem Bruder Matthias das Weingut betreibt, ist die nachhaltige Bewirtschaftung der Flächen. Er legt Wert auf eine artenreiche Begrünung der Rebzeilen und somit auf eine nachhaltige Bodenpflege. Der Erhalt der alten Trockenmauern im Weinberg ist ihm ebenfalls wichtig sowie die Brachflächen, die Rückzugsräume für Tiere und Pflanzen bieten. Einige Auszeichnungen hat Baumann bereits erhalten, zuletzt Anfang 2012 die Silbermedaille für den Baumann Secco bei einer Verkostung der Weinzeitschrift Selection.

Seit 2011 unterstützt das Bioweingut Baumann die Slow Food Deutschland e.V. Bewegung und ist Mitglied im Arbeitskreis Weinland Taubertal.

30
ZONE
GEMEINDE AHORN /// SCHLOSSSSTRASSE 24 /// 74744 AHORN ///
0 62 96 / 9 20 20 /// WWW.GEMEINDEAHORN.DE ///

WARUM DER WALD DER GEMEINDE DEN NAMEN GAB

Ahorn

21

Einen Ort mit dem Namen Ahorn werden Sie schwerlich finden, so lange Sie auch suchen, denn die Gemeinde Ahorn besteht seit 1971 aus den Orten Berolzheim, Buch am Ahorn, Eubigheim, Hohenstadt und Schillingstadt. Namensgeber war ein rund 2.000 Hektar großer Ahornwald, der größtenteils auf dem Gemeindegebiet liegt.

Mit 400 Metern liegt diese Gemeinde auf einem der höchsten Punkte im Main-Tauber-Kreis. Außerdem gehört das Gebiet zum östlichen Bauland, einer Gäulandschaft – baumarm, aber mit fruchtbarem Lössboden –, die sich vom Hochrhein bis zum Taubertal erstreckt. Die Bezeichnung ›Badisch Sibirien‹ hat sich für dieses Gebiet eingebürgert, aber weniger der klimatischen Verhältnisse wegen, als deshalb, dass sich dorthin versetzte Beamte abgeschoben vorkamen. Das Bauland ist Heimat des Grünkern, auch ›Badischer Reis‹ genannt, halbreif geernteter und über Feuer gedarrter Dinkel, der auch in dieser Region und bis hinüber in die Gemeinden Boxberg und Assamstadt eine Rolle spielt. Ob eine Witterungskatastrophe einmal der Auslöser dafür war, das feucht gewordene, halbreife Getreide durch Darren, also Trocknen im Rauch eines Holzfeuers, halt- und verwendbar zu machen, ist nicht zu belegen.

Jeder der Orte liegt ein wenig verwunschen in der Landschaft, die Gemeinde Buch vom Ahornwald umschlossen. Auf Luftbildern sehen die Orte aus, als drängen sich alle Häuser innerhalb der grünen Umgebung zusammen. Wenn man Ruhe sucht, ist man in dieser Gemeinde, egal wohin man sich wendet, gut aufgehoben. Es gibt wenig zu besichtigen, aber trotzdem nicht wenig zu sehen. Diese Gemeinde eignet sich ganz besonders für einen Urlaub, in dem man Ruhe sucht und den man abseits der hektischen und überlaufenen Gebiete verbringen möchte. Wenn Sie wieder wegfahren, werden Sie wissen, warum es so leicht fällt, diese Gegend liebenswert zu nennen.

☞ Im Ortsteil Berolzheim betreibt der Heimatverein ein Museum, das Exponate zum Handwerk und zum Lebensalltag im 19. Jahrhundert zeigt.

AUGUSTINERKLOSTER MESSELHAUSEN ///
FREIHERR-VON-ZOBEL-STRASSE 39 ///
97922 LAUDA-KÖNIGSHOFEN / MESSELHAUSEN /// 0 93 46 / 9 21 50 ///
WWW.AUGUSTINER.DE / DE / STANDORTE / MESSELHAUSEN ///

DER RUSSISCHE BÄR IST NICHT GEFÄHRLICH

Messelhausen – Augustinerkloster

22

Die Grenze von Bayern ist nicht weit von Messelhausen entfernt. Zur Gemeinde gehören der Richtung Lauda liegende Weiler Hofstetten und Hof Marstadt, südöstlich etwa eine Viertelstunde entfernt. Der Hauptort liegt in einer flachen Mulde, von Feldern und Wald umsäumt. Im Mittelpunkt des Ortes befindet sich das Schloss. Es wurde 1740–1743 errichtet und diente den Baronen von Zobel, deren Stammsitz im nahe gelegenen bayerischen Giebelstadt lag, als Landschloss. Im Park wachsen heute noch mächtige Bäume: Ahorne, Edeltannen, Linden, Kastanien und Akazien geben dem ganzen Komplex einen verträumten Anstrich. Aber es kommen keine Edelfräulein und perückenbesetzte Herren mehr aus den Gebäuden, allenfalls Teilnehmer eines der Seminare oder Einkehrtage, die dort stattfinden. Heute nutzt der Augustinerorden das Schloss als Kloster. Doch ist es keine reine Domäne der Abgeschiedenheit. Das Gästehaus bietet 29 Zimmer, teilweise als Doppelzimmer belegbar, Gemeinschaftsräume, Vortragssaal, Meditationsräume, einen barocken Speisesaal und auch eine Küche mit Möglichkeit zur Selbstverpflegung.

Hinter dem Weiler Hof Marstadt, der gut zu Fuß zu erreichen ist, liegt verträumt der Marstadter See, ein kleiner Angelteich, freundlich eingesäumt von lichten Wäldern, um den herum sich herrlich wandern lässt, in kurzen Spaziergängen oder in längeren, mehrstündigen Routen. Etwas Obacht muss man geben, wenn im Frühjahr die Kröten in Scharen zum See kommen, um zu laichen. Flora und Fauna um den See sind sehr vielfältig. Ringelnatter und Fischreiher begegnet man nicht selten, wenn man sich etwas zurückhaltend gibt. Seit mehreren Jahren kann ich in der Umgebung auch immer wieder den Russischen Bär, einen Schmetterling aus der Gruppe der Bärenspinner, beobachten.

☞ Am rechten Seitenaltar der Pfarrkirche beginnt der ausgeschilderte etwa acht Kilometer lange Augustinus-Weg, der zwei Nachbargemarkungen berührt und dann zurückführt.

LAUDA-KÖNIGSHOFEN /// MARKTPLATZ 1 ///
97922 LAUDA-KÖNIGSHOFEN /// 0 93 43 / 50 11 28 ///
WWW.LAUDA-KOENIGSHOFEN.DE ///

EINE ALTERNATIVE ZUM PANORAMAFLUG

Lauda-Königshofen – Panoramaweg

23

Lauda liegt im Talgrund an die Tauber geschmiegt. So richtig schön ist das zu sehen, wenn man von oben auf die Stadt schaut. So hoch springen kann jedoch keiner, einen Flug zu buchen wäre zwar möglich, aber das ist recht umständlich. Leichter fällt es dagegen, auf den Panoramaweg zu gehen. Von hier hat man einen Blick nicht nur auf Lauda, sondern zur einen Seite bis nach Königshofen und zur anderen bis nach Distelhausen.

Den Zugang zum Panoramaweg findet man leicht. Einheimische helfen auch gern weiter. Bester Ausgangspunkt ist der Parkplatz am Bergfriedhof. Von dort geht es über den Flürleinsweg, die Anne-Frank-Straße auf die Barbara-Brennfleck-Straße. Diese mündet in einen Grasweg, der aus dem Ort hinausführt. An einem Bildstock geht es vorbei, den Hang hinauf bis zu einer Vogelschutzhütte. Linker Hand, ein Stück die asphaltierte Straße hoch, biegt man links ab am nächsten Bildstock. Ab hier ist der Weg auch als Main-Donau-Wanderweg markiert. Nach einer Kurve, die nach links führt, nicht diesem folgen, sondern wieder rechts gehen bis der Pfad in einen abwärts führenden, schattigen Waldweg führt. Nach einer Weile wandert man aus dem Wald heraus und kann den Blick auf Königshofen genießen; später, wenn der Weg wieder eine Biegung macht, auf Lauda. Dieser Panoramaweg endet auf einer asphaltierten Straße, die, wendet man sich nach rechts, wieder zum Parkplatz am Bergfriedhof führt. Die Strecke beträgt knapp vier Kilometer. Es ist ein Höhenunterschied von etwa 150 Metern zu überwinden. Damit ist die Strecke leicht und auch ohne großes Training zu schaffen.

Es bleibt dann noch ausreichend Zeit, anderes in Lauda zu unternehmen, etwa an einem heißen Sommertag ins Freibad zu gehen oder das obere Tor und die Reste der Stadtmauer anzusehen oder draußen vor einem Café gemütlich eine Tasse Kaffee zu trinken.

Es gibt um Lauda herum noch zahlreiche andere Wanderrouten. Eine Wanderkarte der Stadt Lauda-Königshofen erhält man im Rathaus (am Markt).

BAHNHOF LAUDA /// BAHNHOFSTRASSE 23 ///
97922 LAUDA-KÖNIGSHOFEN /// 0 93 43 / 50 11 28 ///

BAHNKNOTENPUNKT LAUDA

Lauda-Königshofen – Bahn

24

Lauda liegt verkehrstechnisch günstig, da es über die Bahnstrecke Würzburg – Stuttgart gut zu erreichen ist. Überhaupt ist die Bahn keine unwichtige Beigabe, war sie es doch, die das verträumte Städtchen aus der Behäbigkeit holte und ihm zeitweise eine nicht unerhebliche Bedeutung gab.

Nachdem Napoleon das Herzogtum Franken aufgelöst hatte, verlor Lauda seine Stellung als Amtsstadt. Es wurde zunächst dem Fürstentum Leiningen und 1806 dem Großherzogtum Baden zugewiesen. In Karlsruhe hatte man allerdings wenig für diese Region übrig, die man als Hinterland ansah und in die jeder Regierungsbeamte sich strafversetzt fühlte, wenn man ihn dorthin beorderte. Aus einem lebendigen Städtchen wurde nach und nach ein eher verschlafenes Nest.

Das änderte sich im Jahr 1864. Da wurde nämlich beschlossen, an Lauda die Eisenbahn vorbeizuführen und in der Stadt einen Bahnhof zu errichten. Zunächst war es ein provisorischer Bahnhof, aber nachdem im Jahr 1866 die Strecke nach Würzburg eröffnet und bald darauf die Bahnlinie nach Tauberbischofsheim gebaut war, wurde Lauda zu einem wichtigen Bahnknotenpunkt, denn nun fuhren Linien von Sachsen bis zur Pfalz und von Konstanz bis nach Hamburg und Berlin über Lauda.

1871–1873 wurde das Bahnhofsgebäude gebaut, das heute noch zu bewundern ist, weil es den Geist dieser Aufbruchszeit immer noch atmet. Außerdem entstanden in Lauda Werkstätten, in denen bis zu 300 Männer Arbeit fanden. Die Einwohnerzahl von Lauda stieg bald deutlich an. Obwohl die Bedeutung heute wieder zurückgegangen ist, kreuzen sich immer noch die Linien Stuttgart – Heilbronn und Crailsheim – Wertheim. Lauda ist so mit der Bahn gut zu erreichen. Ich selbst bin in den letzten 30 Jahren oft in Lauda aus- und eingestiegen, wenn ich mit der Bahn irgendwo hinwollte und kann deshalb diesen Bahnhof durchaus als Lieblingsplatz bezeichnen.

Auf der Strecke Wertheim – Crailsheim lässt sich in den meisten Zügen auch das Fahrrad mitnehmen und so ein Tagesausflug über größere Distanz ausdehnen.

STADT LAUDA-KÖNIGSHOFEN /// MARKTPLATZ 1 ///
97922 LAUDA-KÖNIGSHOFEN /// 0 93 43 / 50 11 28 ///
WWW.LAUDA-KOENIGSHOFEN.DE ///

VON VOLAPÜK UND MUSCHELKALK

Lauda-Königshofen – Oberlauda

25

Aus Oberlauda, einem Stadtteil von Lauda-Königshofen, stammt Johann Martin Schleyer, der um 1880 die Plansprache Volapük erfand. Er hatte damit Erfolg, es bildeten sich in ganz Europa Volapük-Gesellschaften. Doch die Sprache war kompliziert und weil Schleyer die alleinige Kontrolle behalten wollte, konnte sie sich gegen das 1887 veröffentlichte und heute noch gebräuchliche Esperanto nicht durchsetzen.

Ich empfehle, den Fußweg von Lauda aus zu nehmen. Am schönsten erreicht man Oberlauda, wenn man über die Weinberge geht. Durch das obere Tor über die Straße, schräg rechts den Weinbergsweg hinauf und dort links ein Stück die Altenbergstraße, die auf zwei Wegen durch die Weinberge geleitet. Der untere, kürzere Weg ist für diejenigen, die weniger Zeit haben, der rechte Weg, der höher hinaufführt und auch einen weiteren Abstieg nach Oberlauda beinhaltet, setzt etwas mehr Zeit und Kondition voraus. Am Ende münden beide Weinbergwege auf eine asphaltierte Straße, die sich in den Ort Oberlauda hinabschlängelt – halten Sie sich links, um sie zu erreichen.

Die aus Muschelkalk bestehenden Südhänge, auf denen kleinparzellig Weinbau betrieben wird, lohnen allein schon den Weg, zumal bei schönem Wetter, das hier allerdings häufig ist. Es ist eine ganz eigene Atmosphäre auf diesen Wegen, die sich deutlich von der in den großflächigen Weinanbauten, zum Beispiel in Beckstein, unterscheidet. Von hier oben hat man einen schönen Blick zum fachwerkdominierten Oberlauda ins Seitental hinab.

Im Ort selbst sollte man sich die Mühe machen, nach dem Mühlrad zu fragen. Es liegt etwas versteckt. Dabei handelt es sich mit 8,5 Metern Durchmesser um das größte oberschlächtige Mühlrad Süddeutschlands. Wer mag und Zeit hat, kann zur anderen Seite den Hang wieder hinauf und durch den Wald nach Lauda zurückwandern.

Historisch Interessierte können in Oberlauda noch Reste einer vormittelalterlichen Fliehburg finden, die 1525 in den Bauernkriegen zerstört und im 19. Jahrhundert vollständig abgebrochen wurde.

VON BOCKSBEUTEL UND ALTEN REBSORTEN

Weinbau in Tauberfranken

Durchfährt man Tauberfranken, egal ob mit Zug, Auto oder Rad, so ist ein typisches Merkmal an vielen Stellen augenfällig: der Weinanbau, bevorzugt an den Hängen des Taubertals und seiner Nebentäler. Es gibt Unterbrechungen, aber von Wertheim bis Rothenburg zieht er sich durch die Region. Und dieser Wein aus dem lieblichen Taubertal kann sich sehen – und vor allem schmecken – lassen.

Bereits um 1100 n. Chr. wird der Weinbau in der Region in Urkunden aus Igersheim und Markelsheim erwähnt, was darauf schließen lässt, dass der Weinbau im Taubertal bereits vor der Jahrtausendwende bekannt war. Das kaum ein halbes Jahrhundert später gegründete Zisterzienserkloster in Bronnbach förderte den Weinbau zusätzlich. Im Dreißigjährigen Krieg erlebte der Weinbau in dieser Region seinen ersten Rückgang: Krieg und Kriegsfolgen, nicht zuletzt auch die Pest sorgten dafür, dass die Menschen sich in die Städte zurückzogen oder hinter Burgmauern – und die Weinhänge verkamen. Erst gegen Ende des 17. Jahrhunderts kam der Weinbau wieder in Gang. Es gab sogar eine kleine Hochkonjunktur, denn die Weinhändler aus dem Taubertal waren auf dem Frankfurter Weinmarkt gern gesehen und gefragt.

Einen noch größeren Einbruch aber bewirkten Anfang des 19. Jahrhunderts die politischen Veränderungen durch Napoleon. Baden und Württemberg erhielten Gebiete dazu und vor allem neue Landesherren. Württemberg wurde sogar Königreich, dessen erster König Friedrich I. Napoleon die Treue schwor und sich an dessen Russlandkrieg beteiligte. Die neuen Landesherren interessierten sich nicht für das Weingebiet um die Tauber, das zum Hinterland degradiert wurde. Die Weinlagen im Neckarland und in der Rheinpfalz lagen günstiger für den Weinanbau und erbrachten bessere Tropfen – damals. Die Beseitigung der Zollschranken und die Einfuhr billigeren Weines taten ein Übriges, zumal sich damit auch die Geschmacksrichtung der Weintrinker änderte. Plötzlich waren die süßen Weine des Südens, die milden Weine von Rhein und Mosel, beliebter als die trockenen Tropfen der eigenen Region. Neue Schädlinge und Krankheiten wurden eingeschleppt und zusammen mit den Frostschäden sorgten sie für eine schwierige Lage der Winzer. Auch der Bierkonsum breitete sich aus und sorgte in der Region für eigene Brauereien.

Erst Ende des 19. Jahrhunderts änderte sich dies wieder, und zwar durch die Gründung von Genossenschaften. 1894 schlossen sich die Winzer in Beckstein und 1898 in Markelsheim zusammen. 1951 folgte als dritte die Winzergenossenschaft in Reicholzheim. Gemeinsam ist man stärker, das zeigte sich in Folge: Viele Winzer der Region, die haupt- und nebenerwerbsmäßig den Weinbau betreiben, liefern ihre Ernte an Genossenschaften. Neben diesen gibt es auch eine Reihe von Winzern, die unabhängig von den Genossenschaften arbeiten und auch die Vermarktung selbst übernehmen.

Heute sind viele Schädlinge durch unterschiedliche Maßnahmen keine allzu große Gefahr mehr. Bioweinanbau in der Region ist ebenfalls vertreten. Nach wie vor ist es aber das Wetter, das dem Wein Schaden zufügen kann: Durch die Klimaerwärmung beginnen die Weinstöcke immer früher auszutreiben. Die April- und Maifröste können deshalb großen Schaden anrichten – so geschehen im Mai 2011. Der Frost am 4. Mai zerstörte einen Großteil der Ernte. Manche Winzer hatten einen Ausfall von 30 bis zu 80 Prozent – je nach Lage. Das Taubertal ist aber keine einheitliche Weinregion. Sie wird in drei unterschiedlichen Abschnitten der Tauber entlang den Anbaugebieten Baden, Württemberg und Franken zugeordnet. Am Oberlauf der Tauber, von Wertheim bis Lauda-Königshofen spricht man vom Weinanbaugebiet Baden, Bereich Tauberfranken (nicht zu verwechseln mit der gleichnamigen geografischen Region). Der Bereich von Bad Mergentheim, Niederstetten und Weikersheim gehört zum Weinanbaugebiet Württemberg, Bereich Koch-Jagst-Tauber. Der südliche Teil des Taubertals bis Rothenburg zählt zu Bayern und dem Bereich Franken.

Der Wein wächst weitgehend auf Muschelkalk, im Bereich Tauberfranken auch auf Buntsandstein. Weißweinsorten bilden mit 65 Prozent den größten Teil des Anbaus, der Rest entfällt auf

Rotweinrebsorten. Die traditionellen Weißweinsorten sind Müller-Thurgau, Silvaner, Kerner und Ruländer. Riesling und Weißburgunder werden ebenfalls angebaut. Beim Rotwein sind es der Schwarzriesling und der Spätburgunder. Eine neue, dabei alte Sorte ist der Tauberschwarz. Diese Rebsorte verschwand mit dem Rückgang des Weinbaus im 19. Jahrhundert nach und nach und fand sich nur noch in wenigen Weinbergen. In den 60er-Jahren des vorigen Jahrhunderts versuchte man, diese Sorte wiederzubeleben – mit Erfolg. 1987 wurde der Antrag auf Eintragung in die Sortenliste gestellt, 1994 erfolgte die Registrierung. Seit 1996 ist sie für den Main-Tauber-Kreis und zwei Gemeinden des Hohenlohekreises zugelassen. Auch im bayerischen Teil konnte sich der Tauberschwarz inzwischen etablieren. Sein Rotwein ist fruchtig, je nach Jahrgang durchsichtig bis samtrot. Der Schriftsteller Gunter Haug gab sogar einem Kriminalroman den Namen dieser Rebsorte.

In der ganzen Region gibt es Besenwirtschaften, saisonal geöffnete Gastbetriebe, die von den Winzern selbst betrieben werden. Weinproben und zahlreiche Weinfeste im Sommer und Herbst die ganze Tauber entlang bereichern den Tourismus in der Region. Weinkellerbesichtigungen und geführte Weinbergswanderungen, auch Weinmuseen (beispielsweise in Röttingen) sorgen dafür, dass Besucher und Touristen nicht nur zum Trinken animiert werden, sondern auch viel über Wein und Weinanbau erfahren können.

Zwei Besonderheiten sind in der Region zu finden: Einmal der Bocksbeutel, der typisch für fränkischen Wein ist und der außer in Franken nur im tauberfränkischen Baden verkauft werden darf. Bereits 1728 verfügten die Stadträte von Würzburg, dass nur die besten Weine im Bocksbeutel abgefüllt werden dürfen. Da immer wieder versucht wurde, auch anderes im Bocksbeutel zu verkaufen – nicht nur Wein –, gab es schon so manche gerichtliche Auseinandersetzung auch vor europäischen Gerichten. Durchsetzen konnten sich für den Bocksbeutel aber zumindest in Deutschland nur die Weine aus den genannten Gebieten. Abgefüllt werden heutzutage hochwertige Weine, die ein Mindest-Mostgewicht von 72 Grad Oechsle aufweisen müssen. Eine Regelung aus dem Jahr 2009 legt außerdem eine Mindestpunktzahl von 2,0 bei der amtlichen Qualitätsweinprüfung fest.

Eine weitere Besonderheit ist die seit 2003 angebotene Tauber-Edition. Verschiedene Winzer und Winzergenossenschaften stellen Weine her, bei denen es sich ausschließlich um Cuvées handelt aus typischen Taubertal-Rebsorten. Seit dem Jahrgang 2010 dürfen auch einzelne Rebsorten in dieser Edition angeboten werden. Anbauflächen dafür werden besonders gekennzeichnet, eine festgelegte Höchstertragsmenge pro Hektar darf nicht überschritten werden. Es finden sensorische Qualitätskontrollen statt und es kann schon einmal vorkommen, dass ein Winzer ein Jahr keine Tauber-Edition anbieten kann, wenn Wetter- und Klimaeinflüsse nicht zur geforderten Qualität beitragen konnten. Diese Edition setzt sich auch über die drei Anbaugebiete hinweg. Mehr erfahren können Sie über www.tauber-edition.de.

Da heute das Internet eine bequeme Plattform zur Vermarktung unterschiedlichster Produkte ist, kann auch der Wein aus den Regionen entlang der Tauber bundesweit erworben werden. Jede Genossenschaft und auch die meisten Winzer bieten ihre Weine über Shops oder zumindest Versandlisten an. Wer in der Region unterwegs ist, sollte sich die Vinothek des Klosters Bronnbach nicht entgehen lassen, in der ein großes Angebot von Weinen von Wertheim bis Rothenburg zu finden ist.

ERHOLUNG BEIM WEIN

Lauda-Königshofen – Beckstein

26

Es war die pure Not, die Ende des 19. Jahrhunderts dazu führte, dass die Winzergenossenschaft in Beckstein gegründet wurde. Eine misslungene Weinernte konnte eine Familie, die davon lebte, in Not bringen. Der Ausspruch ›Zu Beckscht verreckscht‹ ist heute noch bekannt, auch wenn er – Gott sei Dank – keine Gültigkeit mehr hat. Nicht nur als Weinort hat sich Beckstein inzwischen einen Namen gemacht, sondern auch als Erholungsort. Man erreicht Beckstein, wenn man in Königshofen auf der Hauptstraße Richtung Bad Mergentheim rechts oder von Bad Mergentheim kommend links Richtung Boxberg abbiegt und dann die B 292 verlässt. Wer von Lauda aus eine Wanderung nicht scheut, kann natürlich auch zu Fuß gehen, indem er vor dem Schwimmbad abbiegt und die Höhe überwindet. Hinauf geht es durch den Wald und hinab durch die Weingebiete von Beckstein. Wer genügend Kondition und Interesse hat, kann auch gleich den Weinlehrpfad nehmen, der über 1,3 Kilometer nicht nur eine schöne Aussicht auf den Ort, sondern auch Wissenswertes zu bieten hat.

Die Weine, die in Beckstein erzeugt werden, sind von hoher Qualität. Um diese zu wahren, zahlt die Genossenschaft den Winzern nur einen Ertrag von maximal 75 Litern je Ar. Für den Rest gibt es nichts. Das zwingt zu einem starken Rückschnitt der Reben, der sich qualitätsfördernd auswirkt. Es lohnt sich, bei der Winzergenossenschaft einmal vorbeizuschauen und die Becksteiner Weine zu probieren. Die Gefahr, dass man dann nicht unbelastet wieder herauskommt – die eingekauften Weinflaschen haben einiges an Gewicht –, ist allerdings groß.

Beckstein hat aber noch mehr zu bieten als nur den Wein: eine wunderschöne landschaftliche Lage, die Kirche St. Kilian (1920) mit barocken Figuren und zeitgenössischen Farbglasfenstern von Sepp Biehler, auf denen die Arbeit im Weinberg dargestellt wird, und Bildstöcke aus vier Jahrhunderten in der Umgebung.

Wer nach dem Weinlehrpfad noch nicht genug hat (oder wer ihn ausgelassen hat), kann auch den Natur- und Kulturlehrpfad nehmen, um die wunderschöne Umgebung zu erkunden.

MARTIN PRUSZYDILO (ANSPRECHPARTNER FÜR AUSFLÜGE IN DIE UMGEBUNG) /// MARKTPLATZ 1 /// 97922 LAUDA-KÖNIGSHOFEN /// 0 93 43 / 1 28 /// WWW.LAUDA-KOENIGSHOFEN.DE ///

DUNKLE VERGANGENHEIT IM BAUERNKRIEG

Lauda-Königshofen – Messe und Turm

27

Es ist vor allen Dingen die Königshöfer Messe, die jedes Jahr im September viel Volk anzieht, nicht nur aus der Region, und Königshofen bekannt macht. Die Messe ist eine Mischung aus Jahrmarkt und Gewerbeausstellung, die jährlich bis zu 200.000 Menschen besuchen. In der Regel dauert sie vom Freitag vor dem dritten Septembersonntag bis zum vierten Septembersonntag. Verbunden ist mit der Messe in jedem Jahr ein Messelauf, an dem jeder teilnehmen und von der Kurzstrecke bis zum Halbmarathon seine Leistung zeigen kann.

Historisch gesehen steht Königshofen dem Ort Lauda nicht nach. Es gibt Besiedlungsspuren aus dem 4. Jahrtausend v. Chr. Die Kirche wird bereits in Urkunden des 8. Jahrhunderts erwähnt und ein Markt bestand schon 1415. Oberhalb des Ortes, der sich noch ein gutes Stück den Hang hinaufschiebt, ist gut sichtbar ein Turm zu sehen. Es handelt sich um einen Wachturm aus dem 15. oder 16. Jahrhundert, der diesen Turmberg ziert und von dem aus man einen guten Blick weit ins Tal sowie ins Seitental der Umpfer hinein hat. Hier oben fand während des Bauernkriegs am 2. Juni 1525 die Schlacht auf dem Turmberg statt. 8.000 Bauern stellten sich dem Heer des Schwäbischen Fürstenbundes und 4.000 sollen dabei den Tod gefunden haben. Von den 300 wehrfähigen Bürgern Königshofens waren am Ende nur noch 15 übrig.

Wer von der Messe genug hat, kann zum Turm hinaufwandern und sich einen Überblick über den ganzen Trubel verschaffen – und vor allem Ruhe. In der Zeit, als ich noch in Königshofen wohnte, war dies mein unangefochtener Lieblingsplatz. Man muss auch nicht denselben Weg zurücklaufen, denn der Pfad führt weiter und über die Weinberge den Turmberg hinab wieder in den Ort. Nicht weit vom Turm findet sich auch noch ein alter Richtplatz mit Galgen.

Im alten Schulhaus befinden sich die Veranstaltungsräume des Kulturschock e. V. Dort gibt es regelmäßig Kleinkunstveranstaltungen, Theater, Lesungen und Musik.

WEINGUT JOHANN AUGUST SACK /// BAHNHOFSTRASSE 30 ///
97922 LAUDA-KÖNIGSHOFEN /// 0 93 43 / 6 22 10 ///
WWW.WEINGUT-SACK-LAUDA.DE ///

DAS GRÖSSTE HÖLZERNE WEINFASS DES TAUBERTALS

Lauda-Königshofen – Weingut Johann August Sack

6/11

Die Schwertlilie (Iris germanica) als Logo des Weinguts findet sich nicht nur auf dem Etikett der Weinflaschen, sondern auch im Weingut selbst. Diese unter Naturschutz stehenden Blumen, blauviolett leuchtend, sind das erste, was mir Karlheinz Sack in Königshofen zeigt, bevor er das Tor zu seinen Weinlagen aufschließt. In der christlichen Mythologie gilt diese Blume als Symbol für Reinheit und Unverfälschtheit.

Bewirtschaftet wird das Weingut Johann August Sack inzwischen in vierter Generation. Insgesamt umfassen die Lagen etwa acht Hektar. Im Laudaer Altenberg, der sein durch die Jahrhunderte geprägtes Bild behalten hat, da glücklicherweise keine Rebflurbereinigung stattfand, befinden sich noch Steinriegel (Steinmauern), die tagsüber Sonnenwärme aufnehmen und abends an die Reben abgeben. Windabweisende Hecken – die auch Kleintieren Schutz geben – und Trockenrasen sorgen für eine abwechslungsreiche Landschaft, die zum Wandern und ›Seele baumeln lassen‹ einlädt. Bewirtschaftet werden die Rebflächen nach den Grundsätzen des nachhaltigen Weinbaus. Pflanzenschutzmaßnahmen, die im konventionellen Weinbau üblich sind, werden auf ein Minimum reduziert.

Angebaut werden folgende Weißweinsorten: Müller-Thurgau, Silvaner, Weißer Burgunder, Riesling, Gewürztraminer. Außerdem die Rotweinsorten Acolon, Dornfelder, Schwarzriesling und Tauberschwarz. Die Traubenlese erfolgt von Hand, wobei unreife und ungenießbare Trauben ausgesondert werden. Im Keller setzt Karlheinz Sack auf die natürlichen Prozesse der Weinwerdung. Rotweine werden prinzipiell durch Maischegärung bereitet und erfahren außerdem eine Reifezeit in kleinen Holzfässern, die zwischen sechs und zwölf Monate betragen kann. Im Betrieb befindet sich das größte Holzfass des Taubertals.

☞ Weinproben werden mit Wein- und Genusswanderungen verbunden. Eine Spezialität sind die Kombinationen ›Wein und Jazz‹. Termine finden sich auf der Homepage.

SCHLOSS SACHSENFLUR /// SACHSENSTRASSE ///
97922 LAUDA-KÖNIGSHOFEN ///
WWW.BADISCHEWANDERUNGEN.DE / SCHLOSS-SACHSENFLUR.HTM ///

KARL DER GROSSE UND DIE SACHSEN

Lauda-Königshofen – Sachsenflur

28

Einer der kleinsten Ortsteile von Lauda-Königshofen hat den größten Namensgeber: Sachsenflur geht auf Karl den Großen zurück, der um das Jahr 800 an dieser Stelle die unterworfenen Sachsen ansiedeln ließ. Die Attraktion des Ortes ist Schloss Sachsenflur, ein feines und kleines Schlösschen, dessen Grundmauern zurückreichen bis in die Spätgotik.

Am besten besucht man Sachsenflur nicht mit dem Auto, sondern zu Fuß oder mit dem Fahrrad von Königshofen aus. Im Ort selbst springt sofort das malerische Schlösschen in der Ortsmitte ins Auge, das von den Herren von Stetten 1583 erbaut wurde und lange in deren Besitz war. Das alte, gut erhaltene Fachwerk macht daraus ein Schmuckstück. Bereits vorher muss es ein schlossähnliches Gebäude oder einen größeren Gutshof gegeben haben. So erzählt man sich, dass im Jahr 1525 die Witwe Arnolds von Rosenberg, eine geborene von Tottenheim, mit ihren Kindern hier lebte. Diese hielten sich Tauben, die aber den Landwirten Schaden zufügten, weil es so viele waren. Ein Nachbarsohn bewarf deshalb die Tauben und tötete das Lieblingstäubchen des Edelfräuleins. Daraufhin passte der Sohn der Witwe eine Gelegenheit ab, fasste den Missetäter, sperrte ihn in den Turm, wollte ihn auch trotz Bitten der Mutter und anderer nicht mehr herauslassen. Der Vater des eingesperrten Jungen zog nun von Ort zu Ort und erzählte die Geschichte und da die Gemüter sowieso schon aufgebracht waren, zogen viele Bauern nach Sachsenflur und belagerten die Fürstenfamilie. Der Ritter Florian Geyer von Giebelstadt schaffte es schließlich, Frieden zu schließen.

Übrigens wurde in diesem kleinen Flecken am 10. Januar 1760 der Komponist Johann Rudolf Zumsteeg geboren. Aufgrund seiner Begabung kam er auf die berühmt-berüchtigte Karlsschule, wo er Friedrich Schiller kennenlernte. Beide befreundeten sich und Zumsteeg vertonte später viele von Schillers Gedichten.

☞ Vergleichen Sie das Schlösschen mit der Kirche direkt daneben. Beide trennen zwar zwei Jahrhunderte, sie bieten aber ein kontrastvolles und angenehmes Ensemble.

LUFTSPORTVEREIN BAULAND E. V. /// RÖMERSTRASSE 101 ///
97944 BOXBERG-UNTERSCHÜPF /// 0 79 30 / 18 96 ///
WWW.EDGU.DE ///

TAUBERFRANKEN VON OBEN SEHEN

Boxberg-Unterschüpf – Sportflugplatz

29

In Unterschüpf war es, wo sich im Frühjahr 1525 auf den Ruf des Wirts Georg Metzler 2.000 Mann trafen, die meisten davon Bauern, aber auch der Ritter Florian Geyer und der Prediger Friedrich Süß waren darunter. Sie nahmen die Stange und setzten einen Schuh zum Zeichen des Bundes darauf. Die Bundschuhbewegung, die eine wichtige Partei im süddeutschen Bauernkrieg war, nahm damit ihren Anfang. Hohe Abgaben, Missernten und der sich ständig erhöhende Druck der Grundherren hatten immer mehr Bauern in die Leibeigenschaft geführt. Doch die Bundschuhbewegung brachte keinen Ausweg. Sie fand im Mai desselben Jahres in Königshofen am Turmberg ein schreckliches Ende.

Mitten in Unterschüpf finden Sie ein Wasserschloss aus dem späten 16. Jahrhundert. Es wurde während der Gegenreformation als Pfarrei, der Schlosssaal als Gottesdienstraum genutzt. Später war es Rathaus, dann gewerbliche Schule und Turnhalle. Heute befindet sich in dem vorbildlich renovierten Gebäude die Sprachheilschule des Main-Tauberkreises. Neben dem Schloss steht eine evangelische Kirche aus dem 13., mit Fresken aus dem 15. Jahrhundert. Das Besondere ist aber, dass es sich um eine Winkelkirche handelt. Diese bestehen aus zwei Kirchenschiffen, die im rechten Winkel zueinander stehen.

Können Steigungen Sie nicht schrecken, dann sollten Sie den eigentlichen Lieblingsplatz in Unterschüpf besuchen: den Sportflugplatz, der, noch bevor ein Flugzeug abgehoben hat, manchmal über den Wolken liegt. Schon beim Aufstieg haben Sie einen schönen Blick hinunter auf den Ort, der in der Mündungsaue des Schüpfbachs liegt. Mit etwas Glück sehen Sie hier die Sportflugzeuge starten und landen, Fallschirmspringer und Gleitschirmsegler herunterkommen. Riskieren Sie auch einmal ein Gespräch. Vielleicht haben Sie Glück und jemand nimmt Sie gegen eine kleine Gebühr zu einem Rundflug über das Taubertal mit.

Sie haben Kinder dabei und die nerven, wollen keine Besichtigungen mehr? In der Nähe des Schlossplatzes finden Sie einen Spielplatz.

STADTVERWALTUNG BOXBERG /// KURPFALZSTRASSE 29 ///
97944 BOXBERG /// 0 79 30 / 60 50 /// WWW.BOXBERG.DE ///

VOM BUNDSCHUH UND VON GRÜNKERN

Boxberg – Altstadt

30

Die Gemeinde Boxberg wurde in den 1980er-Jahren deutschlandweit bekannt, als sich eine Bürgerinitiative gegen die von Daimler-Benz geplante Teststrecke wehrte. Diese Bürgerinitiative gab sich den Namen Bundschuh wie schon 450 Jahre zuvor die Bauern, die gegen die drückende Fron der Herren aufstanden – und verloren. Die Boxberger verhinderten die große Teststrecke. Eine kleinere Version betreibt nun Bosch.

Boxberg liegt eingebettet im Umpfertal und dem Schüpfer Grund. Wie die Gemeinde Ahorn gehört Boxberg zum Bauland. Der Boden ist fruchtbar, auf die Lebensbedingungen allerdings wirkt sich das nicht aus. Das mag die Menschen bewogen haben, den Dinkel nach einer Regenzeit grün zu ernten und zu darren – über Feuer zu trocknen –, damit überhaupt etwas zum Essen da war, wenn der Winter kam. Inzwischen ist dieser Grünkern begehrt über die Grenzen des Baulands hinaus.

Im alten Boxberger Rathaus von 1610 finden Sie ein Heimatmuseum, in dem Sie auch zum Thema Grünkern und dessen Erzeugung so manches Exponat und vor allem viel Information finden. Dieses Museum macht Boxberg allerdings nicht zu einem Lieblingsplatz – eher die gut ausgebauten und markierten Wanderwege, die in die abwechslungsreichen Mischwälder in der Umgebung führen. In Boxberg selbst und in vielen Ortsteilen finden Sie malerische und zum Teil sehr alte Fachwerkhäuser und manche Besonderheit, zum Beispiel in Oberschüpf die älteste Wehrkirche Badens aus dem 12. Jahrhundert mit frühgotischen Wandmalereien (um 1290), die fast vollständig erhalten sind. Wenn Sie das Abtauchen aus dem ›Hier und Jetzt‹ in die Vergangenheit mögen, wenn auch nur für Augenblicke, dann ist Boxberg ein idealer Platz. Wird es richtig heiß, bietet das Umpfertalbad Boxberg die richtige Erfrischung.

☞ Das Dorf Wölchingen hat für seine Größe eine imposante Kirche, die deshalb auch ›Frankendom‹ genannt wird. Das zwischen 1250 und 1270 erbaute Gebäude ist einen Besuch wert.

WALDSEILGARTEN BOXBERG /// FRANKENDOMSTRASSE 44 ///
97944 BOXBERG /// 0 79 30 / 9 93 93 44 ///
WWW.WALDSEILGARTEN-BOXBERG.DE ///

AUF SEILEN IN DEN GIPFELN DURCH DEN WALD WANDERN

Boxberg – Waldseilgarten

31

Eine besondere Attraktion in Boxberg ist der Waldseilgarten, der oberhalb der Stadt in einem Waldareal liegt, das man zu Fuß in gut 10 bis 15 Minuten erreichen kann. Nah genug, um einmal zu schauen, was sich hinter dem Begriff ›Waldseilgarten‹ verbirgt. Die Nutzung ist nicht spontan möglich, sondern nur nach Anmeldung. Wer Höhenangst hat, muss trotzdem nicht fernbleiben: Es wird auch ein Höhengewöhnungstraining angeboten.

Dieser Waldseilgarten wurde im September 2008 eröffnet. Er ist ein Projekt des Jugend- und Kulturvereins Lazy Bones e.V. Wenn Sie sorgenvoll in die hoch oben verlaufenden Seilkonstruktionen schauen und sich Gedanken über die Sicherheit Ihrer Kinder oder sich selbst machen, so dürfen Sie beruhigt sein. Die Anlage wurde zur Planung bei einem Statiker in Auftrag gegeben und wird jährlich von einem Prüfstatiker in einer Inspektion neu abgenommen.

Außerdem wird ein Selbstsicherungssystem verwendet, das aus miteinander kommunizierenden Rollenkarabinern besteht. Ist ein Karabiner offen, so erkennt der andere Karabiner das und blockiert den Öffnungsmechanismus des zweiten so lange, bis der erste Karabiner wieder auf dem Sicherheitsseil eingehängt und verriegelt ist. Hinzu kommt, dass auf eine Teamsicherung gesetzt wird, sowohl in den Seilen als auch vom Boden aus, je nach Parcours.

Der Waldseilgarten ist hauptsächlich auf Gruppen ausgelegt. Es gibt einen Kinderparcours (ab 8 Jahren) in einer Höhe von 6 Metern, bei dem Trainer die Teilnehmer sichern. Beim Hochseilparcours in einer Höhe von 12 Metern (ab 12 Jahren) sichern sich die Teilnehmer selbst paarweise. Den Abschluss bildet eine Seilbahn, über die die Teilnehmer 55 Meter zur nahegelegenen Aktionsplattform fahren. Dazu kommen Teamelemente (wie der Pfahlsprung und die Himmelsleiter), bei denen die einzelnen Teilnehmer vom Team gesichert werden.

Der Waldseilgarten eignet sich auch als Ausgangspunkt oder Ziel für Wanderungen und Mountainbike-Touren.

STADTVERWALTUNG BAD MERGENTHEIM /// BAHNHOFSPLATZ 1 ///
97980 BAD MERGENTHEIM /// 0 79 31 / 5 70 ///
WWW.BAD-MERGENTHEIM.DE ///
APOTHEKE

WAS DIE KURSTADT MIT WIEN GEMEINSAM HAT

Bad Mergentheim – Altstadt

32

Selten wurde dem Heimweh eines Zugereisten entsprochen wie dem Hochmeister des Deutschen Ordens Maximilian Franz von Österreich aus Wien. Um ihm den Aufenthalt in Bad Mergentheim so angenehm wie möglich zu machen, wurden im 18. Jahrhundert die Glocken des Münsters und der Schlosskirche so aufeinander abgestimmt, dass sie bei gemeinsamem Läuten wie die Glocken des Stephansdoms klingen. Jeden Samstag um 15 Uhr ist das heute noch zu hören.

Da Bad Mergentheim im Zweiten Weltkrieg Lazarettstadt war und es auch vorher über Jahrhunderte keine Kriegszerstörungen gab, konnte sich die Stadt ein mittelalterlich-barockes Stadtbild bewahren. Man kann sich gut vor eines der Cafés setzen und bei einer Tasse Kaffee für einen Augenblick vorstellen, wie sich Ludwig van Beethoven (1791 Bratschist in der Hofkapelle von Maximilian Franz von Österreich) und Eduard Mörike, der 1851 in der Stadt starb, hier gefühlt haben. Beethoven verbrachte in Bad Mergentheim nur ein paar Monate, Mörike blieb von 1844 bis 1856. 1851 heiratete er hier Margarethe von Speeth. Das Grab seiner Tochter Marie ist heute noch auf dem alten Mergentheimer Friedhof zu finden.

Im Jahr 1825 entdeckte ein Schäfer während einer Periode großer Trockenheit, wie sich seine Schafe um eine kleine Quelle drängten. Er probierte das Wasser, fand, dass es bittersalzig schmeckte und machte Meldung bei der Stadt. Dies war der Anfang für die Kurstadt Bad Mergentheim. Auch wenn Sie nicht zur Kur in Bad Mergentheim sind, so sollten Sie sich den Kurpark nicht entgehen lassen, er gehört mit zu den schönsten in Deutschland. Sie finden im Schatten alter Bäume Ruhe und Rast, können unter anderem einen Rosengarten mit 27 Arten Edelrosen bewundern, einen Kräutergarten sowie einen japanischen Garten.

Begeben Sie sich auf einen Rundweg in und um Bad Mergentheim, um den Spuren Eduard Mörikes zu folgen. Der gut ausgewiesene Wanderweg ist 3,5 Kilometer lang.

16

DEUTSCHORDENSSCHLOSS /// SCHLOSS 16 ///
97980 BAD MERGENTHEIM /// 0 79 31 / 5 22 12 ///
WWW.BAD-MERGENTHEIM.DE ///

WAS BOB DYLAN UND SANTANA IN DEN SCHLOSSHOF BRACHTE

Bad Mergentheim – Deutschordensschloss

33

Der Deutsche Orden wurde in der Zeit der Kreuzzüge um 1189 vor Akkon in Galiläa gegründet. Armut, Keuschheit, Gehorsam und Pflege von Verwundeten gelobten die Mitglieder. Im Jahr 1219 traten drei Brüder aus dem Geschlecht der Hohenloher in den Orden ein und schenkten ihm ihr gesamtes Vermögen mit Burg und Grundbesitz in Mergentheim. Hier entstand dann bald das Deutschordensschloss.

Konkurrenten des Deutschen Ordens waren die Templer, von denen sie erbittert bekämpft wurden. Da aber Papst und Kaiser Friedrich II. den Orden unterstützten, konnten die Templer die Entwicklung nicht aufhalten. Ende des 13. Jahrhunderts zog sich der Deutsche Orden aus Palästina zurück. Er konzentrierte sich danach auf das Engagement innerhalb des Heiligen Römischen Reiches sowie auf das neu eroberte Preußen. Bereits 1226 hatte der polnische Herzog Konrad von Masowien um Hilfe im Kampf gegen die Prussen gerufen. In Thorn wurde eine erste Burg gebaut. Die größere Marienburg steht heute noch eindrucksvoll mit ihrem roten Backstein an der Weichsel. Ein Modell befindet sich im Deutschordensmuseum von Bad Mergentheim, das im Deutschordensschloss untergebracht ist.

Die vorhandene Burg wurde nach dem Verlust der preußischen Besitzungen im Jahr 1525 zur Schlossanlage umgebaut. Sie diente fast drei Jahrhunderte lang als Residenz der Hochmeister des Ritterordens. 1809 ging das Schloss in den Besitz Württembergs über. Die Ordenszentrale liegt seitdem in Wien. Sehenswert ist das Schloss mit der Barockkirche im Zentrum der Stadt allemal. Zahlreiche kulturelle Veranstaltungen gibt es im Schloss das ganze Jahr über: Konzerte, Literaturlesungen und Vorträge. Im Sommer finden im Schlosshof Open-Air-Veranstaltungen mit internationalen Künstlern statt. Bob Dylan, Neil Young, Santana und andere sind dort bereits aufgetreten.

Die ausgewiesene Wanderroute ›Auf den Spuren des Deutschen Ordens‹ ist mit 10 Kilometern schon etwas mehr als ein Spaziergang.

Wir
sind nicht nur verantwortlich
für das, was wir tun,
sondern auch für das,
was wir nicht tun
HIER SEHEN SIE, WIE FRÜHER BÜCHER GESETZT WURDEN.
OTTMAR MERGENTHALER GEBURTSHAUS (HERR WAGNER) ///
OTTMAR-MERGENTHALER-STRASSE /// 97980 HACHTEL ///
0 79 31 / 4 25 75 /// WWW.BAD-MERGENTHEIM.DE ///

LINOTYPE – VON HACHTEL NACH AMERIKA

Bad Mergentheim – Hachtel

34

Im kleinen Ort Hachtel, heute ein Stadtteil von Bad Mergentheim, wurde Ottmar Mergenthaler geboren. Dessen Erfindung ist zumindest über den Namen den Nutzern von OpenOffice, Word und anderen Textverarbeitungsprogrammen ein Begriff: Linotype. Dahinter stehen aber nicht nur digitale Schriften, sondern eine Revolution im Druckwesen.

Ottmar Mergenthaler, in Hachtel geboren und in Vaihingen an der Enz aufgewachsen, zeigte schon früh technisches Interesse. Da aus finanziellen Gründen höherer Schulbesuch nicht infrage kam, machte er eine Uhrmacherlehre und besuchte die Abendschule. Die Heimat schien ihm zu eng und so wanderte er nach Abschluss der Lehrzeit 1872 nach Amerika aus. Ein Vetter hatte in Washington D.C. eine Werkstatt für elektrische Geräte. Der streckte das Geld für die Reise vor und Mergenthaler arbeitete in der Fabrik mit. Bereits 1878 war er Teilhaber, 1883 eröffnete er seine eigene Werkstatt. Ab 1876 arbeitete er bereits an der Verbesserung von Maschinen für Druck und Lithografie. Da aber das Setzen und Ausschießen der Zeilen immer noch von Hand erfolgte, überlegte er sich ein Prinzip, mit dem ganze Zeilen erzeugt werden konnten. Daraus entstand die Linotype-Setzmaschine, die er laufend verbesserte bis zu dem Modell, das 1889 auf der Pariser Weltausstellung als Sensation gehandelt wurde. 1890 gründete Mergenthaler die Linotype Company in New York, die bereits 1892 die tausendste Linotype-Setzmaschine herstellte. Vier Jahre später wurden weltweit schon 3.000 Maschinen eingesetzt. Da Mergenthaler nicht auf seine Gesundheit achtete und eine Rippenfellentzündung ignorierte, erkrankte er an Tuberkulose und starb 1899 im Alter von 45 Jahren.

Im Geburtshaus Mergenthalers in Hachtel ist eine solche Linotype-Maschine zu sehen, dazu vieles andere zur Geschichte des Buchdrucks. Außerdem kann man selbst einmal eine Zeile in Blei setzen.

☞ Geöffnet ist das Geburtshaus und Museum an jedem ersten Sonntag im Monat von 14.00 bis 17.00 Uhr.

FAUNA WILDPARK GMBH /// WILDPARK 1 ///
97980 BAD MERGENTHEIM /// 0 79 31 / 4 13 44 ///
WWW.WILDTIERPARK.DE ///

WO SICH LUCHS UND WOLF ›GUTEN TAG‹ SAGEN

Bad Mergentheim – Wildpark

35

Ein Besuch im Wildpark von Bad Mergentheim war in meiner Familie immer beliebt. Ein- oder zweimal im Jahr gab es dorthin einen Sonntagsausflug. Und obwohl unsere Kinder auch andere Zoos und Tierparks in Deutschland kennenlernten, stand der Mergentheimer immer bei ihnen an erster Stelle. Das liegt nicht zuletzt daran, dass es sich noch um einen Tierpark handelt, der nur beherbergt, was in der Region heimisch ist oder heimisch war.

Fährt man aus Bad Mergentheim Richtung Creglingen hinaus, erreicht man den Wildpark im oberen Bürgerwald schon nach wenigen Minuten. Parkplätze sind ausreichend vorhanden und die schönen Fußwege durch den Wald sind nicht allzu lang.

Auf 35 Hektar Fläche werden mehr als 70 Tierarten gezeigt, und zwar weitgehend ohne Maschendraht, Käfig oder Gitter. Man sieht naturnah gestaltete Freisichtanlagen und die Tiere zwar meist aus Distanz, aber keiner allzu großen. Deshalb ist es auch ratsam, den Fotoapparat dabeizuhaben: Die Bilder zeigen die Tiere nachher ohne störende Begrenzungen. Wer seinen Besuch am frühen Vormittag oder frühen Nachmittag beginnt, kann auch die Fütterungen erleben. Insbesondere bei den Wölfen ist das eine beeindruckende Sache, wenn einer der Tierpfleger vom Rudel angefallen und zerrissen … Nein! Keine Sorge. So geht es da nicht zu. Die Tierpfleger bewegen sich durchaus sicher im Gelände und die Wölfe wissen, wie sie sich zu verhalten haben. Da sie ein großes Gelände zur Verfügung haben, auf dem sie sich auch vor Besuchern zurückziehen können, leben sie trotzdem weitgehend so im Rudel wie in freier Wildbahn auch. Das kann aber auch bedeuten, dass Sie Wölfe nicht zu sehen bekommen, wenn Sie nicht zur Fütterung da sind.

Auch Hunde dürfen mit. Unserer hatte sich bald an die Tiere gewöhnt und verhielt sich nur noch bei den Bären, dem einzigen Feind des Wolfes außer dem Menschen, bis zuletzt abweisend.

Geöffnet ist der Wildpark von Mitte März bis Anfang November, im Winter nur an Wochenenden und Feiertagen.

TOURISMUSVEREIN MARKELSHEIM E. V. /// BILDSTRASSE 4 ///
97980 MARKELSHEIM /// 0 79 31 / 4 31 79 ///
WWW.MARKELSHEIM.DE ///

WEINORT MIT EIGENER STROMVERSORGUNG

Bad Mergentheim – Markelsheim

36

Markelsheim liegt idyllisch zwischen Weinbergen, Feldern und Wiesen. Der Ort, bei dem der Lochbach in die Tauber fließt, gibt sich freundlich und malerisch. Urkundlich erwähnt wurde er erstmals im Jahr 1054 in einer Urkunde Kaiser Heinrichs II. Die Hexenverfolgung fand im Zehntgerichtsort Markelsheim einen traurigen Höhepunkt, als im Jahr 1629 allein 57 Personen verurteilt und hingerichtet wurden. Überhaupt war das eine traurige Zeit. Der Dreißigjährige Krieg forderte nicht nur durch Hexenverbrennungen und durchziehende Truppen Opfer, sondern auch noch durch Pestepedemien. Allein im Pestjahr 1626 gab es 650 Tote.

Entlang der Tauber standen früher viele Mühlen, die heute aber weitgehend verschwunden sind. In Markelsheim steht noch die Mühle Kuhn, die von Anfang an neben der Aufgabe als Getreide- und Ölmühle auch die der Energieversorgung erfüllte. Bereits 1898 lieferte sie einen Teil des nötigen Stroms für die Ortschaft. Neben einer Wasserturbine wurde ab 1904 ein Dampflokomobil zur Stromerzeugung eingesetzt, ab 1927 zwei Dieselmotoren. Im Jahr 2009 wurde das Wasserkraftwerk Markelsheim komplett neu gebaut. Vielleicht ist dieses Kraftwerk kein Ort, den man zum Vergnügen besucht, aber es macht Markelsheim selbst liebenswerter, als wenn ein Atommeiler daneben stände.

Seit der ersten urkundlichen Erwähnung dominiert in Markelsheim der Weinbau. Kommt man mit dem Fahrrad aus Bad Mergentheim in den Ort, so wird man gleich von der Weinbaugenossenschaft und den Winzerstuben zur Rast eingeladen. Und wenn man es nicht schafft, durch den netten Ort schnell durchzueilen, sondern sich immer wieder von Café, Restaurant oder Weinstube aufhalten lässt, dann ist es keine schlechte Idee, hier nach einer Übernachtung zu fragen.

Wem das Laufen nicht liegt, der besteigt einfach einen Wagen und fährt durch die Markelsheimer Weinberge. Von März bis Oktober sind solche Fahrten möglich (07931/2959).

WEINGUT
BRAUN
Hausbrennerei • Weinstube
Weine aus eigenem Anbau
Destillate • Liköre
Telefon: 0 79 31 - 4 48 78
WEINGUT BRAUN /// SCHEUERNTORSTRASSE 20 ///
97980 MARKELSHEIM /// 0 79 31 / 4 48 78 ///
WWW.WEINGUT-BRAUN-MARKELSHEIM.DE ///

WEINPROBE VOM FAHRRAD AUS

Markelsheim – Weingut Braun

»Wir sind das jüngste Weingut im Taubertal«, verkünden Sonja und Erhard Braun gleich zu Beginn meines Besuchs. Das kann mehrdeutig verstanden werden, nicht zuletzt, weil auch die Kinder – die Tochter als Weintechnikerin und der Sohn als Winzer – inzwischen aktiv mit im Weingut tätig sind. Die eigentliche Bedeutung dieser Aussage ist aber darin zu sehen, dass die Brauns seit 2010 unabhängig von der regionalen Genossenschaft arbeiten.

Denn auf diesem Gebiet wird Weinbau schon viel länger betrieben, allerdings im Rahmen der Genossenschaft, der Weingärtner Markelsheim eG, die übrigens direkt gegenüber liegt. Unabhängig davon vermarkten die Brauns ihre Produkte schon seit 15 Jahren. Mit der Weinstube wurde 2005 begonnen. Ihr Vorteil ist, dass sie direkt am Radweg liegt. Wer von Bad Mergentheim kommt und in Richtung Weikersheim unterwegs ist, fährt direkt am Ortsbeginn an Brauns Weingut und Weinstube vorbei. Wenn die Tür offen ist, ist das ein guter Grund anzuhalten, einen Wein zu probieren und vielleicht auch gleich einzukaufen. Dass man den Wein auf dem Rad nicht sofort mitnehmen kann, zumal wenn die Flaschenzahl steigt, ist kein Problem. Stammt man aus der Region, kann man später mit dem Auto wiederkommen, und ist man auf der Durchreise, so lässt man sich den Wein an die Heimatadresse schicken.

Die Weinstube fasst 60 Personen. Neben den Weinen kann man auch ein Vesper bekommen oder Flammkuchen. Außer Wein können auch Obstbrände und Liköre aus der eigenen Brennerei probiert werden. »Diese Brennerei«, erzählt Erhard Braun, »war das Standbein, das uns den Übergang in die Selbstständigkeit ermöglicht hat.«

Die Rebfläche beträgt etwa fünf Hektar. Angebaut werden Tauberschwarz, Schwarzriesling, Acolon, Spätburgunder, Bacchus, Riesling und Müller-Thurgau als wichtigste Sorten. Der Anteil des Rotweins beträgt 50 Prozent.

In der eigenen Brennerei werden 18 verschiedene Obstsorten verarbeitet, überwiegend aus eigenem Anbau, auf jeden Fall aber aus regionaler Ware.

SPUK
GEMEINDE IGERSHEIM /// MÖHLERPLATZ 9 ///
97999 BAD IGERSHEIM /// 0 79 31 / 49 70 /// WWW.IGERSHEIM.DE ///

EHEMALS HEXENBRAND – HEUTE RITTERSPIELE

Igersheim – Burg Neuhaus

37

Manch schlimme Nacht haben Menschen in der Burg hoch über dem Taubertal verbracht, nämlich anlässlich der Hexenprozesse und Hinrichtungen, die hier im 16. Jahrhundert stattfanden. Da Menschen niemals freiwillig zugaben, Hexerei und Teufelsanbetung getrieben zu haben, zwangen ihnen die damaligen Richter und Inquisitoren die Geständnisse mittels Folter ab. Das ist – Gott sei Dank – lange vorbei und anderes Treiben herrscht in Burg Neuhaus.

Sie wurde im 13. Jahrhundert errichtet und befand sich im Besitz der Herren von Hohenlohe Brauneck. Während des Bauernkriegs 1525 und kaum 20 Jahre später während des Schmalkaldischen Krieges wurde die Burg zerstört, anschließend aber wieder aufgebaut. Im 18. Jahrhundert saß auf Neuhaus der Amtmann des Deutschen Ordens. Danach verfiel die Burg, wurde auch teilweise abgebrochen.

Die noch vorhandene Ruine ist heute im Staatsbesitz und verpachtet. Die Wirtschaftsgebäude werden derzeit zur Pferdezucht genutzt, das Gebiet um die Burg ist als Naturschutzgebiet ausgewiesen.

Die erhaltene und zum Teil zugängliche Anlage ist aber nicht nur für Burgenfreunde einen Besuch wert. Jedes Jahr im Juni und Juli finden Mittelaltermarkt und Ritterturnier sowie das Burg-Neuhaus-Open-Air statt. Pferde, Markt und Musik – irgendwie passt das zu einer alten Burg. Dass Leben in die Ruinen kommt, wenigstens zeitweise, ist durchaus wünschenswert und macht diesen Ort zu einem Lieblingsplatz, den man nicht nur einmal besucht, wenn man in der Nähe ist. Sie sollten nicht mit dem Auto hinauffahren, obwohl das durch die geteerte Straße möglich ist. Besser ist es, zu laufen, denn dadurch bietet sich beim Aufstieg ein herrlicher Blick über das Taubertal. Etwas unterhalb der Burg liegt das Tierheim Bad Mergentheim. Falls Sie sowieso gerade auf der Suche nach einem Hund, einer Katze oder anderem Tier sind, schauen Sie doch einmal vorbei.

In Igersheim können auch Kanus gemietet werden, allein oder im Rahmen von geführten Tagestouren.

STADTVERWALTUNG NIEDERSTETTEN /// ALBERT-SAMMT-STRASSE 1 ///
97996 NIEDERSTETTEN /// 0 79 32 / 9 10 20 ///
WWW.NIEDERSTETTEN.DE ///

EDUARD MÖRIKE UND DER ZEPPELIN-KOMMANDANT

Niederstetten – Theater und Markt

38

Niederstetten hat es mit dem Theater. Alle zwei Jahre finden im ehemaligen Garten von Schloss Haltenbergstetten Freilichtspiele statt. Shakespeare wurde gegeben, Operette und Musical. 1993 kam ein Schauspielerehepaar vom Deutschen Theater aus Kasachstan nach Niederstetten und gründete hier das Russland-Deutsche Theater.

In Niederstetten ist eigentlich immer etwas los. Wenn nicht gerade Theater gemacht wird, dann werden Ferkel verkauft. Deutschlands größter Ferkelmarkt findet jeden Montagmorgen am Frickentalplatz statt. Im Januar, am Donnerstag nach dem zweiten Montag, ist großer Rossmarkt. Am letzten Septemberwochenende wird ein Herbstfest abgehalten und ab Anfang Dezember gibt es einen märchenhaften Weihnachtsmarkt. Wenn Sie es also lieben, wenn etwas los ist, dann sind Sie in Niederstetten genau richtig. Wenn Sie es dann doch mal etwas besinnlicher haben wollen, geht das in Niederstetten natürlich auch.

Vier Museen kann die Gemeinde aufweisen, drei davon direkt in Niederstetten: das Heimatmuseum, das Jagdmuseum, vor allem aber das Albert-Sammt-Museum, das dem gleichnamigen Sohn der Stadt gewidmet ist, der als Kommandant auf Zeppelin-Luftschiffen bekannt wurde. Er war auch an Bord der Hindenburg, die in Lakehurst bei der Landung verunglückte und in Flammen aufging. Albert Sammt lebte bis zu seinem Tod 1982 in Niederstetten.

Ein Weinbaumuseum befindet sich im Ortsteil Wermutshausen. Wenn Sie möchten, können Sie die Mörike-Gedenkstube ebenfalls noch als Museum werten. Er lebte hier von September 1843 bis April 1844 bei seinem Freund, dem Pfarrer Wilhelm Hartlaub. Die schöne Altstadt mit Rathaus und Schimmelturm ist so sehenswert wie Schloss Haltenbergstetten, das über dem Ort thront und von dem aus man einen schönen Blick über die Dächer von Niederstetten hat.

Sie möchten sehen, wie es in einer Arrestzelle des 19. Jahrhunderts ausgesehen hat? Dann sehen Sie doch einmal in Wildentierbach im Torturm der Wehrkirchenanlage nach (07932/7260).

EIN DICHTERISCHER GANG DURCHS TAUBERTAL

Dichter und Schriftsteller

Jede Region hat ihre Dichter und jede Region zieht Schriftsteller an, die zwar nicht dort geboren sind, sich aber für eine Weile oder gar den Rest des Lebens dort aufhalten. Das ist in Tauberfranken nicht anders. Und dann gibt es noch diejenigen, die ›nicht von hier sind‹, aber über Tauberfranken geschrieben und gedichtet haben.

Im Herbst des Jahres 1865 wanderte der Journalist, Historiker und Schriftsteller Wilhelm Heinrich Riehl (1823–1897) von Rothenburg nach Wertheim. Seine Erlebnisse schilderte er in dem umfangreichen Aufsatz ›Ein Gang durchs Taubertal‹, den er in der Augsburger Allgemeinen Zeitung veröffentlichte. Er schrieb darin: ›Ein Gang durchs Tauberthal ist ein Gang durch die deutsche Geschichte …‹. Dieser Aufsatz stand am Anfang einer Zeit, in der das Taubertal und seine weitere Umgebung auch als Ferienregion immer beliebter wurden. Die Geschichte hat auch nach Riehls Bericht nicht angehalten und in zwei Weltkriegen Spuren hinterlassen – keinesfalls aber die anderen Spuren auslöschen können, zumindest nicht vollständig. Riehl steht deshalb am Anfang dieser Übersicht, obwohl er außer mit diesem Bericht nicht weiter mit der Region verbunden war. Dieser Text wird aber auch seinem Weg folgen, sozusagen entgegen der Richtung dieses Buchs: von Rothenburg bis Wertheim.

Rothenburg hat manchem deutschen Dichter als Kulisse für seine Erzählungen gedient. So auch Johann Karl August Musäus (1735–1787), der eines seiner Kunstmärchen – ›Der Schatzgräber‹ – in Rothenburg ob der Tauber angesiedelt hat. Ein richtiges Märchen ist es eigentlich nicht, eher eine Novelle, eine spannende noch dazu. Es findet sich in seiner Sammlung ›Volksmärchen der Deutschen‹.

Aufgewachsen in Rothenburg ist Wilhelm Staudacher (1928–1995). Er wurde 1928 in armen Verhältnissen geboren, brachte es nach dem Krieg bis zum Stadtkämmerer. Gedichte hatte er schon als Schüler geschrieben, auf Hochdeutsch. Er wandte sich dann aber der mundartlichen Lyrik zu, wurde so zu einem der Pioniere der Mundartdichtung und erlangte damit Bedeutung über Rothenburg hinaus. Er erhielt zahlreiche Auszeichnungen, war Mitglied im P.E.N. und schrieb später nicht nur Lyrik, sondern auch Hörspiele, Prosa, Singspiele und manches andere.

Aufgewachsen in Rothenburg, dann aber fortgezogen, ist der Schriftsteller, Liedermacher und Kabarettist Christof Stählin (geboren 1942), der vom Deutschen Kleinkunstpreis bis zum Bundesverdienstkreuz eine Reihe Ehrungen eingesammelt hat.

In Niederstetten ist es Gottlob Haag (1926–2008), der in der Bedeutung für die Mundartdichtung mit Staudacher gleichziehen konnte. Auch er wuchs in ärmlichen Verhältnissen auf, wurde geprägt durch den Krieg und die karge Nachkriegszeit, verdiente seinen Lebensunterhalt als Nachtwächter, Steinbrucharbeiter und mit ähnlichen Arbeiten, bis er als Zivilangestellter bei der Bundeswehr ein Auskommen fand. Nebenher schrieb er, in der hohenlohischen Mundart und auf Hochdeutsch. Als ich in den 80er-Jahren ins Taubertal kam, fielen mir seine Gedichte, die ich regelmäßig in den ›Fränkischen Nachrichten‹, der regionalen Tageszeitung, lesen konnte, gleich auf und sie beeindruckten mich von Anfang an. Auch wenn er in der Mundart seiner Heimat schrieb, war Gottlob Haag kein Heimatdichter, sondern ein Poet, der über seine Region hinauswies. Zahlreiche Gedichtbände bilden sein Lebenswerk, aber auch manche Beiträge für den Rundfunk und Volkstheaterstücke, etwa eine Hohenloher Version des Götz-von-Berlichingen-Stoffes.

Der deutsche Science-Fiction-Autor Michael Marrak (geboren 1965), der für seine Bücher mit dem Kurd-Laßwitz- und dem Deutschen Science-Fiction-Preis ausgezeichnet wurde, erblickte in Weikersheim das Licht der Welt. Der pensionierte Lehrer Karl Mündlein (geboren 1942) ist ebenfalls in Weikersheim geboren und schreibt Gedichte in Hohenloher Mundart.

Wenn von Bad Mergentheim die Rede ist, kommt fast als erstes der Hinweis, dass Eduard Mörike (1804–1875) hier eine Zeit seines Lebens verbracht und sogar in der Kurstadt seine Frau gefunden hat. Von 1844 bis 1851 lebte er in Bad Mergentheim. Dass er als ehemaliger protestantischer Pfarrer die katholische Tochter seines Vermieters heiratete, wurde damals als skandalös empfunden. Die Ehe hielt zwar lang und überstand manchen Umzug, ging jedoch nicht gut aus. 1873 trennte sich das Ehepaar. In Bad Mergentheim sind aber einige bedeutende Gedichte entstanden, auch die ›Idylle vom Bodensee‹, ein Hexameter-Gedicht, das ihn über seine Heimat hinaus bekannt machte. Der in Bad Mergentheim geborene Hans Heinrich Ehrler (1872–1951) arbeitete als Redakteur in Köln, Stuttgart, Heilbronn, Konstanz und Karlsruhe. Er wurde vor allem als Lyriker bekannt, schrieb aber auch Novellen und Romane. Willi Habermann (1922–2001) wurde in Neu-Ulm geboren, gehörte in seiner Jugend zum Freundeskreis der Geschwister Scholl und arbeitete später als Lehrer am Deutschorden-Gymnasium. Er verfasste in schwäbischer Mundart Aphorismen, Gedichte und übersetzte Teile der Bibel ins Schwäbische. Carlheinz Gräter (1937) war ebenfalls zunächst Redakteur, arbeitete aber später als freier Schriftsteller. Er schrieb zahlreiche Bücher über die Regionen Tauberfranken und Hohenlohe und trat auch als Herausgeber auf, etwa der Werke von Carl Julius Weber oder des eingangs erwähnten Aufsatzes von Wilhelm Heinrich Riehl. Wolfgang Stahnke (1936) wurde in Stettin geboren, war 35 Jahre lang als Diakon und Pfarrer in badischen Gemeinden tätig, darunter auch in Lauda-Königshofen. Er lebt in Bad Mergentheim und schreibt seit seiner Pensionierung Regionalkrimis, deren Schauplatz Bad Mergentheim ist. Uwe Klausner (1956), der als Lehrer in Bad Mergentheim arbeitet, ist in den letzten Jahren als Autor historischer Kriminalromane angetreten, die sowohl im Mittelalter (unter anderem im Kloster Bronnbach) als auch in der Zeit des Zweiten Weltkriegs und kurz danach angesiedelt sind.

Aus Lauda, genauer aus Oberlauda, stammt Johann Martin Schleyer (1831–1912), ein katholischer Priester, Lyriker und Sprachforscher. Um 1880 erfand er die Plansprache Volapük, die für ein paar Jahre richtig populär war, dann aber an Bedeutung verlor und heute fast vergessen ist. Der kanadische Schriftsteller William Gibson holt diese Plansprache in seinem Science-Fiction-Roman ›Quellcode‹ (2007) noch einmal hervor. Ulrich Hefner (1961) geboren in Bad

Mergentheim, lebt heute in Lauda und arbeitet als Polizeibeamter in Tauberbischofsheim. Er begann mit einem Roman aus der Zeit der Bauernkriege (›Ein leiser Wind, der Fryheit hieß‹, 2001) und schreibt heute erfolgreiche Kriminalromane und Thriller.

Josef Dürr (1877–1917), geboren als Sohn eines Landwirts in Tauberbischofsheim, schrieb in der Mundart seiner Heimatstadt. Nach ihm ist heute noch eine Straße benannt. Der in Gissigheim geborene Dichter Wilhelm Weigand (1862–1949) hat Tauberbischofsheim mit dem Roman ›Die Frankenthaler‹ ein ganz eigenes Denkmal gesetzt. Er lebte zuletzt in München, schrieb Essays, Dramen und weitere Romane. Heute ist er vergessen – nicht zuletzt, weil er sich der nationalsozialistischen Ideologie zu sehr verschrieben hatte.

In Wertheim arbeitete im 19. Jahrhundert der Schriftsteller Franz Alexander Kaufmann (1817–1893) als Archivar des Fürsten von Löwenstein. Er veröffentlichte Gedichte, Sagen und trat auch als Herausgeber auf. Kaufmann bat Georg Friedrich Daumer in Nürnberg, der als Erzieher von Kaspar Hauser bekannt wurde, um Gedichte für das Werk ›Kunst und Literatur‹. Daumer vermittelte ihm daraufhin auch Gedichte seiner 17-jährigen Schülerin Mathilde Binder (1835–1907), der Tochter des ersten Bürgermeisters der Stadt. Daraus ergab sich ein Briefwechsel, der 1857 zielgenau in eine Ehe der beiden mündete, die als glücklich beschrieben wurde. Amalia Kaufmann schrieb selbst Gedichte, Balladen und auch einen Roman, der in Franken spielt unter dem Pseudonym Amara George. Bis zum Tod ihres Mannes lebte sie in Wertheim. An dem Haus ist heute eine Gedenktafel angebracht. Der in Adelsheim geborene Hans Dieter Schmidt (1930–2005) arbeitete bis 1993 als Lehrer am Dietrich-Bonhoeffer-Gymnasium in Wertheim. Er ist vor allem Lyriker, aber auch Erzählungen und Theaterstücke hat er verfasst. Die Stadt Wertheim hat ihn mit dem Kulturpreis geehrt und für sein Gesamtwerk bekam er 1982 das Bundesverdienstkreuz.

ARKASSE
STADT WEIKERSHEIM /// MARKTPLATZ 7 /// 97990 WEIKERSHEIM ///
0 79 34 / 10 20 /// WWW.WEIKERSHEIM.DE ///

WARUM GOETHE WEIKERSHEIM SEINEN VORNAMEN VERDANKT

Weikersheim – historischer Stadtkern

39

Erzählenswert ist, warum der Dichter Goethe Weikersheim seinen Vornamen verdankt: Graf Wolfgang II. von Hohenlohe schwängerte eine Zofe und verheiratete diese mit seinem Kammerdiener. Der unehelich gezeugte Knabe Wolfgang wurde später Ratsherr in Neuenstein. Zur Tradition wurde nun, dass alle männlichen Erstgeborenen seiner Familie ebenfalls den Namen Wolfgang tragen sollten. Der Frankfurter Rat Goethe ehelichte eine Tochter aus dieser Linie und übernahm die Tradition für den zweiten Vornamen, als er selbst einen Sohn bekam.

Weikersheim ist einer der Stammsitze des Hauses Hohenlohe, dem fränkischen Adelsgeschlecht, das zeitweise die Hohenloher Ebene zwischen Kocher, Tauber und Jagst beherrschte. Um 1450 wurden die Herren von Hohenlohe Reichsgrafen, ab Mitte des 18. Jahrhunderts wurden sie fürstlich. Weikersheim fiel 1585 an Graf Wolfgang II. von Hohenlohe, der die mittelalterliche Wasserburg zur repräsentativen Renaissance-Residenz ausbaute. Der historische Stadtkern steht als Gesamtanlage unter Denkmalschutz. Der Gänsturm wurde im Zweiten Weltkrieg so stark beschädigt, dass er abgerissen werden sollte. Eine Bürgerinitiative konnte sich jedoch zusammen mit dem Denkmalamt durchsetzen und so wurde der Turm wieder aufgebaut und restauriert. Allerdings kam erst im Jahr 2003 das charakteristische Dach hinzu. Heute kann man ihn auf der Hauptstraße Richtung Marktplatz und Schloss durchfahren oder durchschreiten. In ihm ist auch das Stadtmuseum untergebracht.

Den Marktplatz dominiert der Marktbrunnen. Um ihn herum gruppieren sich Gasthäuser, Cafés, das Dorfmuseum, die Stadtkirche St. Georg und das Schloss. Ein Spaziergang vom Gänsturm durch die Altstadt und ein abschließendes Ausruhen in einem Café oder Gasthaus am Marktplatz – so lässt sich Weikersheim als ein gerade gewonnener Lieblingsplatz verinnerlichen.

Um den ersten Sonntag im September findet die Kärwe statt, eine Kirchweih. Bei einem historischen Umzug wird die Geschichte der Stadt dargestellt.

WEINGUT HOFÄCKER /// QUECKBRONN 3 /// 97990 WEIKERSHEIM /// 0 79 34 / 75 50 /// WWW.WEINGUT-HOFAECKER.DE ///

DIE WEIN- UND KÄSEPROBE

Weikersheim-Queckbronn – Weingut Hofäcker

8/11

»Eine unserer Besonderheiten unter den Rotweinen ist der Tauberschwarz«, erzählt Rainer Hofäcker. Zusammen mit seiner Frau betreibt er das Weingut als Familienbetrieb in zweiter Generation mit einer Anbaufläche von etwa vier Hektar, die allesamt unterhalb des Gelben Hauses liegen, dem ehemaligen fürstlichen Jagdsitz der Herren zu Hohenlohe, und mit insgesamt elf Rebsorten bestückt sind– natürlich nicht nur mit Tauberschwarz.

Einstmals war der Tauberschwarz die am häufigsten anzutreffende Rebsorte im Taubertal, zuletzt gab es aber nur noch einen Rest auf einer kleinen Fläche von sechs Ar. Als dann im Winterfrost 1979/80 nahezu alle Reben im Taubertal erfroren, stellte man fest, dass einzig der Tauberschwarz im folgenden Frühling wieder austrieb. Durch Selektion und Vermehrung gelang es, diese Sorte wieder nutzbar zu machen. 13 Betriebe bauen ihn jetzt auf einer Fläche von etwa 12 Hektar an. Da die Erträge geringer sind und die Arbeit am Rebstock mehr Zeit erfordert als bei den anderen Sorten, sich dazu nicht alle Nachteile dieser Sorte ausschalten ließen, wird dieser Wein aber wohl eine Spezialität bleiben – im gesamten Taubertal und im Weingut der Hofäckers.

An Weißweinsorten werden angebaut: Müller-Thurgau, Traminer, Grauburgunder, Chardonnay, Riesling. An Rotweinsorten: Schwarzriesling, Spätburgunder, Dornfelder, Acolon und Lemberger. Als Besonderheit gibt es noch Secco (weiß, rosé und rot) sowie sortenreinen Jahrgangssekt aus eigenen Weinen.

Wie die meisten anderen Winzer bieten Hofäckers ganzjährig Weinproben an. Eine Besonderheit sind Themenweinproben wie ›Wein und Käse‹, ›Wein und Schokolade‹ oder ›Wein und Märchen‹. Im kultigen Gewölbekeller lässt sich bei Wein und Winzervesper – Hofäckers legen Wert auf regionale Besonderheiten – den Ausführungen der Fachleute, dem Märchenerzähler und den begleitenden Musikern lauschen.

Man erreicht Queckbronn, indem man von Weikersheim zunächst Richtung Laudenbach fährt, dann aber dem Wegweiser folgend abbiegt.

SCHLOSS WEIKERSHEIM /// MARKTPLATZ 11 /// 97990 WEIKERSHEIM ///
0 79 34 / 99 29 50 /// WWW.SCHLOSS-WEIKERSHEIM.DE ///

GÖTTERBILDER, NYMPHEN, ZWERGE

Schloss Weikersheim

40

Betrachtet man das Schloss von verschiedenen Seiten, bietet es sich jeweils anders dar: Von der Tauber oder dem Vorbach aus besehen, sieht man nur die Giebel und Türme über die Bäume ragen. Es gibt so etwas vom Bild der alten Wasserburg wieder. Vom Markt aus betrachtet durch die ersten beiden Tore, wirkt es eher wie ein Gutshaus. Erst von der Gartenseite her zeigt es sich als ein prächtiges Renaissanceschloss.

Durch Erbteilung fiel Weikersheim 1586 an Graf Wolfgang II. von Hohenlohe. Er machte die mittelalterliche Wasserburg ab 1587 zu seiner Residenz. Nach Reisen durch Europa begann er aus der alten Wasserburg ein repräsentatives Schloss zu bauen. Es entsprach noch dem Renaissance-Ideal, enthielt aber schon barocke Ansätze. 1605 war der Umbau weitgehend beendet. Plünderungen fanden während des Dreißigjährigen Krieges statt. Der Enkel, Graf Siegfried, setzte die Bautätigkeit jedoch ab 1679 wieder fort. Im folgenden Jahrhundert erhielt es die Gestalt, in der es heute noch zu sehen ist. Nach dem Tod von Constantin zu Hohenlohe-Langenburg erwarb das Land Baden-Württemberg 1967 das Schloss.

Es ist inzwischen gut restauriert und für Besichtigungen geöffnet. Eine solche sollten Sie unbedingt mitmachen, denn drinnen wie draußen ist Schloss Weikersheim sehenswert. Der große Saal bietet einen prächtigen Anblick mit seiner Kassettendecke mit Jagdszenen sowie den Tieren, die als Halbrelief aus den Wänden ragen.

Genauso beeindruckend ist aber der im Stil von Versailles angelegte Schlossgarten mit der Orangerie. Immer wieder finden dort Veranstaltungen statt. Es ist aber auch schön, ganz still durch die Götterbilder, Nymphen und Zwerge zu wandern und für Augenblicke zu vergessen, in welcher Zeit man lebt. Der Weihnachtsmarkt im Schlosshof und auf der Terrasse zieht jedes Jahr Besucher aus der ganzen Region Hohenlohe an.

☞ In den Räumen der Schlossküche befindet sich nicht ohne Grund eine Ausstellung zur Alchemie: Graf Wolfgang II. war nicht nur Baumeister, sondern auch Alchemist.

DAS GELBE HAUS KARLSBERG /// STEINRIEGEL ///
97990 WEIKERSHEIM /// 0 79 34 / 70 00 ///
WWW.SCHLOSS-WEIKERSHEIM.DE ///

STERNWARTE WEIKERSHEIM /// WWW.STERNWARTE-WEIKERSHEIM.DE ///

UNSER PLANETENSYSTEM IST GENAU 6,5 KILOMETER LANG

Weikersheim – gelbes Haus

41

Haben Sie die Altstadt Weikersheim und das Schloss ausreichend kennengelernt, lohnt es sich, den Blick auch etwas schweifen zu lassen. Was Sie sehen werden, sind Planeten, Wild und ein gelbes Haus. Wenn Sie einmal Wildschweinen ohne Zaun oder Gitter begegnen wollen, dann können Sie dies dort am Karlsberg.

Um zum Astronomischen Weg zu gelangen, reichen übrigens Ihre Beine, denn der zwischen Weikersheim und Schäftersheim beginnende Planetenweg ermöglicht es Ihnen, von einem zum nächsten Planeten zu Fuß zu kommen. Als 1983 dieser Weg angelegt wurde, war er einer der ersten in Europa. Die Entfernungen der Himmelskörper von der Sonne und zueinander wurden maßstabsgerecht umgerechnet und durch Informationstafeln markiert. Er beginnt bei einem Sonnensymbol, führt an der Sternwarte der Astronomischen Vereinigung Weikersheim vorbei und endet mit einer Station für den Pluto kurz vor Neubronn. Die gesamte Strecke umfasst 6,5 Kilometer. Die Sternwarte zog 1977 von Wachbach bei Bad Mergentheim nach Weikersheim um. Sie ist nach Vorträgen oder zu festgelegten Terminen geöffnet (07934/1365).

Eine andere Möglichkeit, sich die Füße zu vertreten, finden Sie, wenn Sie den Karlsberg aufsuchen. Bereits im 17. Jahrhundert soll dort ein Tierpark existiert haben. 1727 wurde am Karlsberg eine Sommerresidenz gebaut, bestehend aus einem zentralen Schlösschen und vier Pavillons. Zwei davon sind noch erhalten, das Schlösschen wurde bereits im 19. Jahrhundert wegen Baufälligkeit abgerissen. Es steht allerdings noch das 1746 erbaute gelbe Haus, in dem heute ein Restaurant untergebracht ist. Das gelbe Haus, einer der erhaltenen Pavillons, liegt oberhalb der Weinberge und gibt einen guten Blick über diese und die weitere Umgebung frei. Der für Besucher zugängliche Park ist mit einer Mauer umfriedet und beherbergt Schwarzwild.

Weikersheim ist keine Stadt, die von einer Mauer dominiert wird, doch kann man beim Rundgang durch die Stadt noch an vielen Stellen Reste der ehemaligen Stadtmauer sehen.

KATHOLISCHES PFARRAMT BERGKIRCHE
ZUR SCHMERZHAFTEN MUTTERGOTTES ///
KIRCHGASSE 6 /// 97990 WEIKERSHEIM-LAUDENBACH ///
0 79 34 / 72 82 /// WWW.WEINORT-LAUDENBACH.DE ///

BEGRABT MEIN HERZ IN DER KAPELLE BEI LAUDENBACH

Weikersheim – Laudenbach

42

Anders als sein älterer Bruder Franz, der Fürstbischof in Würzburg und Bamberg wurde, wählte der zweite von fünf Söhnen nach einer Ausbildung bis zum Diakon doch lieber das Kriegshandwerk. Hier brachte er es zu Ruhm und Ehren, durch kaiserlichen Dank zum Grafentitel und einigen Ländereien. Durch Kauf erwarb er das Ritterlehen Waldmannshofen und die Vogtei Laudenbach hinzu.

Laudenbach liegt südlich von Weikersheim auf der Strecke nach Niedernstetten. Der Ort ist romantisch eingebettet zwischen Weinbergen und bewaldeten Hügeln, dort, wo der Erbertsbronner Bach in den Vorbach mündet. Die liebliche Umgebung ist sehenswert, die eigentliche Attraktion aber ist die höher gelegene, schon von weither sichtbare Bergkirche, die Wallfahrtskirche zur heiligen Maria. Die Legende erzählt, dass fromme Stifter zu Beginn des 15. Jahrhunderts am Fuß des Berges eine Kapelle bauen wollten. Als man jedoch mit den Arbeiten beginnen wollte, war das Baumaterial verschwunden. Man fand es mitten im Wald wieder und schaffte es zurück, mit dem Ergebnis, dass es am nächsten Morgen wieder weg war. Unter einem Baum lag zudem das holzgeschnitzte Bild der Muttergottes. Man sah darin ein Zeichen und errichtete die Kapelle auf dem Berg. Urkundlich ist die Grundsteinlegung für 1412 dokumentiert. Aus dieser Zeit stammt auch der gotische Chor. Neben dem Gnadenbild der Muttergottes im Hochaltar aus dem 15. Jahrhundert beherbergt die Kirche weitere Kunstwerke, etwa die ›Anbetung der Heiligen Drei Könige‹ aus der Riemenschneider-Schule.

Melchior von Hatzfeld verfügte testamentarisch, dass er zwar an seinem Geburtsort begraben, sein Herz aber nach Laudenbach in die Bergkirche gebracht werden solle. Dies geschah auch, und so ist heute das Grabmal aus Marmor und Alabaster noch in der Kirche zu sehen.

Jeweils im Mai, im September zum Fest ›Mariä Geburt‹ sowie im Oktober finden Wallfahrten zur Bergkirche statt, die jeweils mit einer Lichterprozession beendet werden.

Die
Sonnenuhr
Verbindung von
Mensch und Gestirnen
8
9
10
11
12
1
2
3
4
5
6
7

STADT DER SONNENUHREN

Röttingen – Altstadt

43

Nicht allein Altstadt und Festspiele machen Röttingen zu einem Lieblingsplatz, sondern eine besondere Attraktion: Mehr als 30 Sonnenuhren sind in Röttingen installiert. Sie stammen alle vom Sonnenuhrenbauer Kurt Fuchslocher aus Bad Mergentheim. Auf dem Sonnenuhrenweg rund um die Stadt sind auf einer Länge von zwei Kilometern die unterschiedlichsten Typen von Sonnenuhren zu sehen, von der Taschenversion bis zur übergroßen Präzisionssonnenuhr. Wer glaubt, dass eine Sonnenuhr nur aus einem Stab und ein paar Markierungen besteht, irrt und wird hier eindrucksvoll eines Besseren belehrt. Das ist interessant, spannend und bei einem einzelnen Spaziergang kaum in allen Details zu erfassen. Bei einem Rundgang zur Betrachtung von Geräten, die eine Orientierung in der Zeit geben sollen, kann es leicht passieren, dass man ›aus der Zeit‹ gerät.

Außerdem herausragend in Röttingen, der südlichsten Stadt des Landkreises Würzburg, sind der mittelalterliche Stadtkern, in dem vor allem das barocke Rathaus (1750) mit seinen gelben Einfassungen heraussticht, und die Stadtpfarrkirche St. Kilian aus dem 13. Jahrhundert. Ferner findet man dort das Julius-Echter-Stift, einen zweigeschossigen langgestreckten Renaissancebau aus dem frühen 17. Jahrhundert, die weitgehend vollständige Stadtmauer mit sieben erhaltenen Türmen und die Burg Brattenstein.

Die Burg wurde erstmals 1230 urkundlich erwähnt, stammt wohl im Kern aus dem 12. Jahrhundert. Reste des alten Bergfrieds und des Grabens sind noch erhalten. Heute ist Burg Brattenstein Schauplatz der Röttinger Festspiele. Jeden Sommer im Zeitraum von Ende Juni bis Mitte August finden Aufführungen von Schauspielen, Operetten, Musicals und Einzelveranstaltungen von Künstlern statt.

Sie haben Ihr Modellflugzeug im Gepäck? Dann sind Sie in Röttingen genau richtig, denn Röttingen besitzt einen eigenen Flugplatz für Modellflugzeuge.

WEINGUT POTH /// WÜRZBURGER STRASSE 3 ///
97285 RÖTTINGEN /// 0 93 38 / 3 32 /// WWW.WEINGUT-POTH.DE ///

WEINBAU IN DER DRITTEN GENERATION

Röttingen – Weingut Poth

9/11

»Mein Großvater kam aus der Pfalz und hat hier im Taubertal bereits 1920 den Weinbau wiederbelebt«, erzählt Gerald Poth. An der Wand in der Weinstube hängen Bilder, die den Großvater und den Vater bei der Arbeit mit dem Wein zeigen. Der Großvater brachte die Stammerziehung mit, die im Taubertal damals noch als Neuheit galt. Heute ist sie die Regel und die Kopferziehung nur noch im Museumsweinberg zu finden.

Begonnen hatte der Großvater den Weinbau im Taubertal noch im Nebenerwerb, bereits in den 50er-Jahren wurde er aber zum Haupterwerb. Wie der Großvater erlernte auch der Vater des heutigen Inhabers Gerald Poth das Küferhandwerk. Er war aber auch Initiator der 1969 begonnenen Rebflurbereinigung, die dem Röttinger Wein zu seinem Aufschwung verhalf. Heute bewirtschaftet der Sohn, der den Betrieb 1987 übernahm, etwa sechs Hektar in Röttingen und Tauberrettersheim.

Einen hohen Anteil hat in diesem Weinbaubetrieb der Riesling. Außerdem werden die Sorten Traminer, Silvaner, Weißburgunder, Kerner, Bacchus, Müller-Thurgau und Blauer Silvaner angebaut. An Rotweinsorten sind auf diesen Lagen vertreten: Schwarzriesling, Spätburgunder, Dornfelder, Zweigelt und Tauberschwarz.

Um Wein mit hoher Qualität zu erzeugen, pflegt Gerald Poth seine Weinberge nach den Gesichtspunkten des naturnahen Weinbaus: Die Weinberge sind mit blühenden Kräutern und Gräsern begrünt, um eine Verbesserung der Bodenstruktur zu erreichen. Das schafft zudem einen Lebensraum für nützliche Insekten. Auf Insektizide kann deshalb verzichtet werden. Reduzierter Rebenanschnitt, Laubarbeit und gezieltes Entblättern wirken Schadpilzen entgegen. Ganztraubenpressung und schwefelarmer Weinausbau verstärken die gesundheitsfördernde Wirkung der Weine. Belohnt wird diese Arbeit mit zahlreichen Preisen und Auszeichnungen, die die Poth'schen Weine bereits erhalten haben.

In der Weinstube organisiert Gerald Poth immer wieder Veranstaltungen zum Thema ›Wein und Kabarett‹. Termine am besten telefonisch erfragen.

WEINMUSEUM RÖTTINGEN /// BURG BRATTENSTEIN / LAGERWEG ///
97285 RÖTTINGEN /// 0 93 38 / 97 28 55 /// WWW.ROETTINGEN.DE ///

VOM WEIN UND VOM WEINBAU

Röttingen – Weinmuseum

44

Fast überall die Tauber entlang wird Weinbau getrieben. Röttingen ist da keine Ausnahme. Wer hier Halt macht, begeht sicher keinen Fehler, wenn er die regionalen Weine verkostet. Die Lage ›Röttinger Feuerstein‹ wird hauptsächlich von selbstvermarktenden Weinbaubetrieben bewirtschaftet. Interessant ist, dass Röttingen in Sachen Wein für die Besucher etwas mehr zu bieten hat als manche andere Stadt.

In Röttingen hat Weinbau seit Jahrhunderten Tradition, wie sonst auch in ganz Franken. Erstmals nachgewiesen ist er im Jahr 1103. Wenn Sie nicht nur Wein trinken, sondern auch über den Wein selbst und seinen Anbau mehr wissen möchten, bietet das Weinbaumuseum Antworten auf viele Fragen. Es ist in der Burg Brattenstein untergebracht und zeigt auf 125 Quadratmetern Ausstellungsfläche manches über den Weinbau und seine Entwicklung, insbesondere in der Region. Im Gewölbekeller können Sie Winzern zuhören, die über die Arbeit im Weinberg und im Keller erzählen.

Wenn Ihnen das noch nicht genug ist, oder vielleicht auch die anschließend probehalber genossenen Tröpfchen wieder ausgeschwitzt werden sollen, dann starten Sie einfach eine Weinwanderung. Vom Weinmuseum geht es gut ausgeschildert durch die Röttinger Weinberge zum Museumsweinberg. Haben Sie alles hinter sich gebracht, können Sie sich fast schon als Weinfachmann oder Weinfachfrau bezeichnen. Na ja – wenigstens wissen Sie dann mehr, zum Beispiel über den Bocksbeutel und was eine Lage ist. Damit sich das neu erworbene Wissen festigt, kann man anschließend auf einem der zahlreichen Winzerhöfe oder in einer Weinstube einkehren und das erlernte Wissen praktisch beim Bestellen und Verkosten von Weinen in Verbindung mit einer Brotzeit oder einem ausgiebigen Abendessen anwenden. Deshalb ist es ratsam, in Röttingen die Ausflüge zu Fuß zu machen.

☞ Immer am Pfingstwochenende findet in Röttingen und auf den Winzerhöfen das Europäische Weinfest statt.

WEINGUT UDO ENGELHARDT /// KIRCHPLATZ 18 /// 97285 RÖTTINGEN ///
0 93 38 / 99 35 00 /// WWW.WEINGUT-ENGELHARDT.DE ///

VON WEISSEN UND ROTEN WEINEN

Röttingen – Weingut Udo Engelhardt

Udo Engelhardt ist nicht nur Winzer mit Leib und Seele, sondern auch ausgebildeter Gästeführer. Bei Weinproben, Wingert- und Fackelwanderungen kann er interessierte Gäste über die Weinbaukultur des Taubertals informieren und von ihr überzeugen. So werden Weinprobe und -einkauf zu einem Event.

Weinanbau betreibt die Familie Engelhardt bereits seit 1976 als Nebenerwerb und seit 1991 selbstständig. Vier Hektar Rebfläche umfasst der Betrieb heute. Seit 2006 gehört eine Vinothek zum Weingut, in der man Weine probieren und einkaufen kann. Neben den traditionellen Sorten Müller-Thurgau, Silvaner, Schwarzriesling werden auch Bacchus, Zweigelt, Acolon und Dornfelder angebaut und verarbeitet. Engelhardt war außerdem der erste, der die nachgezüchtete Rebsorte Tauberschwarz in den bayerischen Teil des Taubertals holte. Drei Jahre Kampf mit den Behörden diesseits und jenseits der Landesgrenzen waren nötig, bis er die Rebe anpflanzen konnte. Heute gehört der Tauberschwarz als eine der Besonderheiten zu seinem Sortiment.

Eine andere Besonderheit ist ein Schwarzriesling ›Blanc de Noir‹, ein Rotwein, der weiß gekeltert ist. Dabei zeigte mir Udo Engelhardt auch seine humorvolle Seite. Die Trauben würden geschält vor dem Pressen, damit der rote Farbstoff aus der Schale nicht in den Wein gerate, erklärte er mir mit todernstem Gesicht. Als ich mich über diese mühevolle Arbeit verwundert zeigte, lachte er und klärte diesen Scherz auf: Nach dem Pressen wird der Saft sofort abgezogen und bleibt nicht, wie beim Rotwein üblich, noch eine Weile in der Maische stehen.

40 Prozent Anteil an der Gesamtmenge hat der Rotwein an der Produktion. Vermarktet wird alles selbst, vor Ort durch Direktverkauf und über den Versand, der über das Internet organisiert wird. Eine Besonderheit ist die eigene Weinmarke ›der franke‹.

Aus seinen Weinen stellt Udo Engelhard auch Brände her, etwa einen Tresterbrand vom Schwarzriesling.

GEMEINDE BIEBEREHREN /// HAUPTSTRASSE 16 ///
97243 BIEBEREHREN /// 0 93 38 / 5 78 ///WWW.BIEBEREHREN.DE ///

DAS RATHAUS MIT DER FEUERGLOCKE

Bieberehren – Altstadt

45

Dort wo die Gollach der Tauber zufließt, liegt Bieberehren. Vom früheren Ortsadel, den ›von Biberern‹, hat der Ort seinen Namen. Bei einem Spaziergang fallen das Rathaus und die Marienkapelle als Erstes ins Auge.

Das Bieberehrener Rathaus im schönen Fachwerkbau aus dem Jahr 1612 steht dicht an der Straße und ist kaum zu übersehen. Auf dem Satteldach sitzt ein Dachreiter, in dem früher eine Feuerglocke hing. Mittlerweile ist sie zeitgemäß durch eine Sirene ersetzt worden.

Die Marienkapelle ist ein einfacher Bau aus dem 17. Jahrhundert, und doch prägt sie das Ortsbild durch ihre Position ähnlich stark wie das Rathaus. Sie ist eine Stiftung des wohlhabenden Schultheiß von Aub, Heinrich Rosskopf, der hier auch begraben liegen soll. Vor der Reformation soll sie eine Wallfahrtskirche gewesen sein. Votivbilder in der Kapelle machen heute zumindest auf Wallfahrtsorte in der Umgebung aufmerksam.

Schaut man von der Marienkapelle zum Rathaus, sieht man dahinter den Turm der Pfarrkirche St. Peter und Paul. 1836 stürzte der Turm der alten Pfarrkirche ein. Nachdem über viele Jahre der Streit um die Baulast hin und her ging, genehmigte 1849 der König 8.000 Gulden zur Wiedererbauung der eingestürzten Kirche. 1850 wurde der Grundstein gelegt, aber es dauerte noch bis 1859, bis das Gotteshaus geweiht werden konnte.

Das Besondere an Bieberehren ist aber die Kreuzkapelle, die etwas südlich über dem Ort auf dem Eulenberg liegt und zu der ein vor gut 150 Jahren errichteter Stationenweg hinaufführt. Man verpasst einen wunderbaren Blick über das Tal und die weitere Umgebung, wenn man sie nicht besucht. Und besucht man sie, hat man einen Platz gefunden, an den man gerne immer wieder zurückkehrt.

An der Gollachbrücke findet man die Nachbildung eines Bildstocks aus dem Jahr 1432. Das Original steht in der Pfarrkirche.

An der Westseite des Kirchhofs der Kunigundenkapelle steht eine tausendjährige Linde. 150 Meter südöstlich ist der Kunigundenstein zu finden mit Abdrücken der Heiligen.

STADT AUB – FREMDENVERKEHRSAMT /// MARKTPLATZ 1 ///
97239 AUB /// 0 93 35 / 9 71 00 27 /// WWW.STADT-AUB.DE ///

STILLE EINKEHR UND LAUTE RITTERSPIELE

Aub – Altstadt

46

Ähnlich wie Grünsfeld im Dreieck zwischen Würzburg, Tauberbischofsheim und Lauda am Grünbach schmiegt sich das Städtchen Aub in das Dreieck Würzburg, Rothenburg und Bad Mergentheim in das Gollachtal. Es liegt an keiner Durchgangsstraße und bleibt so für viele unbemerkt. Dabei hat Aub alles, was einen Abstecher dorthin lohnend macht.

Den Gang durch die Stadt wiederholt man immer wieder gern. Jedes Mal beeindruckt mich die Kulisse aus alten Fachwerk- und Bürgerhäusern aufs Neue. Bei schönem Wetter über das Kopfsteinpflaster am Marktplatz um die barocke golden glänzende Mariensäule zu schlendern und von hier aus den ehemaligen Handelsplatz an der längst vergessenen Heerstraße zu erkunden – Aub liegt auf halbem Weg zwischen Rothenburg und Würzburg –, trägt einen manchmal ein Stück weit aus dem Hier und Jetzt.

Im Pflaster oder Asphalt des Bürgersteigs sind Stolpersteine integriert. Doch keine Angst, die Gefahr, hinzufallen, besteht nicht. Höchstens wird man stehen bleiben und sich besinnen, denn diese Steine erinnern an Menschen, die Opfer des Nationalsozialismus wurden. Darauf vermerkt sind der Name, das Geburtsjahr, Datum und Ort der Deportation sowie das Datum der Ermordung. Zahlreiche Städte – auch in anderen Ländern – haben diese Idee inzwischen übernommen.

Der obere Torturm überragt die Stadt und ist weithin sichtbar. Das Auber Schloß ist ebenfalls eingebunden in die Stadtbefestigung und befindet sich im südwestlichen Teil der Stadt. Nahe beim Schloss wird es einmal im Jahr richtig laut, und zwar im Juli, wenn die Auber Ritterspiele stattfinden und die metallgewandeten Recken sich bei Turnierspielen gegenseitig vom Pferd stoßen.

Das Auber Spitalmuseum zeigt die Entwicklung des Spitalwesens bis in die heutige Zeit. Eine gute Gelegenheit, sich dort zu informieren, nicht nur dann, wenn die Wolken die Sicht auf Aub ein wenig trüben.

Nicht weit entfernt liegt der Ort Waldmannshofen mit einem kleinen Schlösschen, in das heute ein Feuerwehrmuseum integriert ist.

EVANGELISCHES PFARRAMT FREUDENBACH ///
97993 CREGLINGEN-FRAUENTAL /// 0 79 33 / 5 02 ///
WWW.KLOSTERKIRCHE-FRAUENTAL.DE ///

ZWEI KIRCHEN IN EINER

Creglingen – Kloster Frauental

47

Kaum drei Kilometer südlich von Waldmannshofen erreicht man über die K 2894 das Örtchen Frauental, im Volksmund ›Kloster‹ genannt. Der Grund dafür ist das ehemalige Zisterzienserinnenkloster, das hier bestand, bis im Bauernkrieg Teile davon zerstört wurden. Nach dem Tod der letzten drei Nonnen im Jahr 1547 wurde das Kloster im darauffolgenden Jahr säkularisiert.

Aber nicht alles ist verloren. Vom ehemaligen Kloster sind das einstige Abteigebäude und die im romanisch-gotischen Stil erbaute Kirche noch vorhanden. Von 1982 bis 1985 fand eine gründliche Renovierung statt. Als Besonderheit gibt es eine Nonnenempore, auf der die Chorschwestern getrennt von den Laien die Gottesdienste mitfeiern konnten. Unter dieser Empore liegt die Unterkirche, die mit der Oberkirche, dem eigentlichen Gottesdienstraum, durch zwei ursprünglich offene romanische Torbögen verbunden ist.

Beeindruckend in der Unterkirche sind die Kreuzgewölbe. Vier Grabplatten finden sich auf dem Fußboden an der Südseite. Ein wenig erinnert die ehemalige Klosterkirche auch an die ägyptischen Pyramiden, denn im Unterhaus hat man Anfang des 20. Jahrhunderts zwei Mumien entdeckt: die Leichen des Amtmanns Johann Christoph Meyer und seiner Frau Elisabeth, 1742 und 1749 verstorben. Man vermutet, dass Säureeinfluss aus dem Gewölbe zur Mumifizierung beigetragen hat.

Die langgestreckte Oberkirche ist nach Osten ausgerichtet und schließt dort mit einem polygonalen Chorraum ab. Am Boden finden sich Fundamentreste des im Bauernkrieg 1525 zerstörten Hochaltars. Auf der ehemaligen Nonnenempore wurde 1990 das Museum ›Vom Kloster zum Dorf‹ eröffnet: Dort wird die Entwicklung Frauentals von den Anfängen der Zisterzienserinnen bis zum Dorf unserer Zeit thematisiert. Geöffnet ist die Kirche von Anfang März bis zum 1. November.

Durch einen Zettel in der Kirche wird ausdrücklich darauf hingewiesen, dass Singen erwünscht ist. Nur so kann man die herrliche Akustik des Gebäudes wahrnehmen.

ÖKOLOGISCHER LAND- & WEINBAU FAMILIE KRAEMER ///
LANGE DORFSTRASSE 24 /// 97215 AUERNHOFEN ///
0 98 48 / 9 68 45 /// WWW.KRAEMER-OEKO-LOGISCH.DE ///

WEIN UND WEINBRAND AUS DEM EICHENFASS

Auernhofen – Bioweingut Kraemer

Man kommt auf einen Bauernhof, wenn man das Weingut Kraemer besucht. Der Land- und Weinbau der Kraemers ist aber nicht einfach nur ein Ökobetrieb, sondern einer von rund 200 Demonstrationsbetrieben, die vom Bundesministerium für Ernährung, Landwirtschaft und Verbraucherschutz ausgewählt wurden. Vom einfachen Verbraucher über Schulklassen bis zum Fachpublikum sind alle zu einer Besichtigung willkommen.

Im Rahmen eines Sonderprogramms zur Rekultivierung ehemaliger Weinberghänge kaufte die Familie Kraemer 1983 eine Fläche von etwa zwei Hektar in der Steillage Tauberzeller Hasennestle. Ab 1989 wurde der gesamte Betrieb auf ökologischen Landbau (Naturland) umgestellt, seit 1992 sind sowohl Landwirtschaft als auch Weinbau zertifiziert. Angebaut werden vor allem Müller-Thurgau, Silvaner und Johanniter. Die Weine werden in Edelstahltanks zur Reife gebracht. Außer Schwefel nutzen die Kraemers keinen Zusatz zur Stabilisierung. Der Trend geht derzeit dahin, Reinzuchthefe durch Spontangärung, also durch weinbergseigene Hefe zu ersetzen.

Die Weinberglage in Tauberzell ist eine sogenannte ›kühle Lage‹. Die Weine reifen in kühlen Nächten und an sonnigen Tagen in einem mild-warmen Klima heran. Frost kann allerdings auch dramatische Folgen haben. So hat der Nachfrost im Mai 2011 einen großen Teil der Ernte zerstört. Dies hat allerdings nicht nur den Weinbau der Kraemers, sondern die meisten Winzer in der Region, teilweise bis fast zum Totalausfall, betroffen. Neben Wein gibt es auch Bio-Honig, Obstbrände und einen im Eichenfass gereiften Weinbrand.

Auernhofen ist ein stilles fränkisches Dorf, in dem man gut Ferien vom lauten Alltag machen kann. Entsprechend bieten auch die Kraemers drei Ferienwohnungen an. Wenn die Zeit der Arbeit auf dem Feld und im Weinberg vorbei ist, wird der Gewölbekeller für Familienfeiern und Weinproben geöffnet, meist ab November.

Im Juni gibt es ein Sommer-Weinfest mit Bio-Buffet und Live-Musik. Den Termin dazu finden Sie im Internet.

LINDLEINTURM-MUSEUM /// STADTGRABEN 12 /// 97993 CREGLINGEN ///
0 79 33 / 6 31 /// WWW.CREGLINGEN.DE ///

WIE DIE KATZENMARIE SICH EIN MUSEUM SCHUF

Creglingen – Lindleinturm und Katzenmarie

48

Nach den vielen kleinen Orten seit Weikersheim erscheint Creglingen fast wie eine Großstadt – im ersten Augenblick. Immerhin muss man vom Ortstrand bis zur Stadtmitte schon eine Weile fahren und ist nicht gleich drin wie bei den Örtchen zuvor. Anders als mit dem Auto gibt sich Creglingen, wenn man sich ihm mit dem Fahrrad nähert. Man scheint ein verträumtes Kleinstädtchen anzufahren, wie die, die man zuvor auf dem Taubertaler Radweg erlebt hat. Erst nach und nach, wenn man die Stadt erreicht und sich hineinbegeben hat, erschließt sich, dass hier eine andere Dimension vorliegt. Zunächst wird man auf der Brücke anhalten und das Tauberwehr bewundern, zuschauen, wie das Wasser in der Breite das Wehr hinunterrieselt oder hinunterrauscht, je nach Wasserstand der Tauber.

Ein Kuriosum sollte man nicht auslassen: den Lindleinturm, der früher einmal Katzenturm hieß. Er gehörte als Wachturm zur mittelalterlichen Stadtanlage. Ein späterer Eigentümer ließ 1795 einen Fachwerkaufbau darauf setzen, der den Turm bewohnbar machte. Letzte Besitzerin war Margarete Böttiger, die den Turm im Jahr 1927 kaufte: Sie lebte dort mit ihren Katzen, nutzte die fehlende Belegbarkeit des alten Namens, klagte und ließ den Turm umbenennen. Seit 1955 heißt er also Lindleinturm, allerdings bekam die seltsame Tierliebhaberin mit der Zeit den Spitznamen ›Katzenmarie‹, weil sie scheinbar nur für ihre Katzen lebte. Nach ihrem Tod bekam die Stadt den Turm vermacht, mit der Auflage, alles zu lassen, wie es ist. So ist er heute eine kleines Museum, das die Lebensverhältnisse einer eigenartigen, bedürfnisarmen Frau dokumentiert.

Der Lindleinturm ist nicht der einzige Turm in Creglingen. Weitere Türme, die zur ehemaligen Stadtanlage gehörten, sind vorhanden und prägen das Ortsbild. Einige wurden inzwischen sogar als Ferienwohnung ausgebaut.

Jedes Jahr am zweiten Mittwoch im Februar ist in Creglingen Pferdemarkt mit Krämermarkt, Festumzug und Platzkonzert.

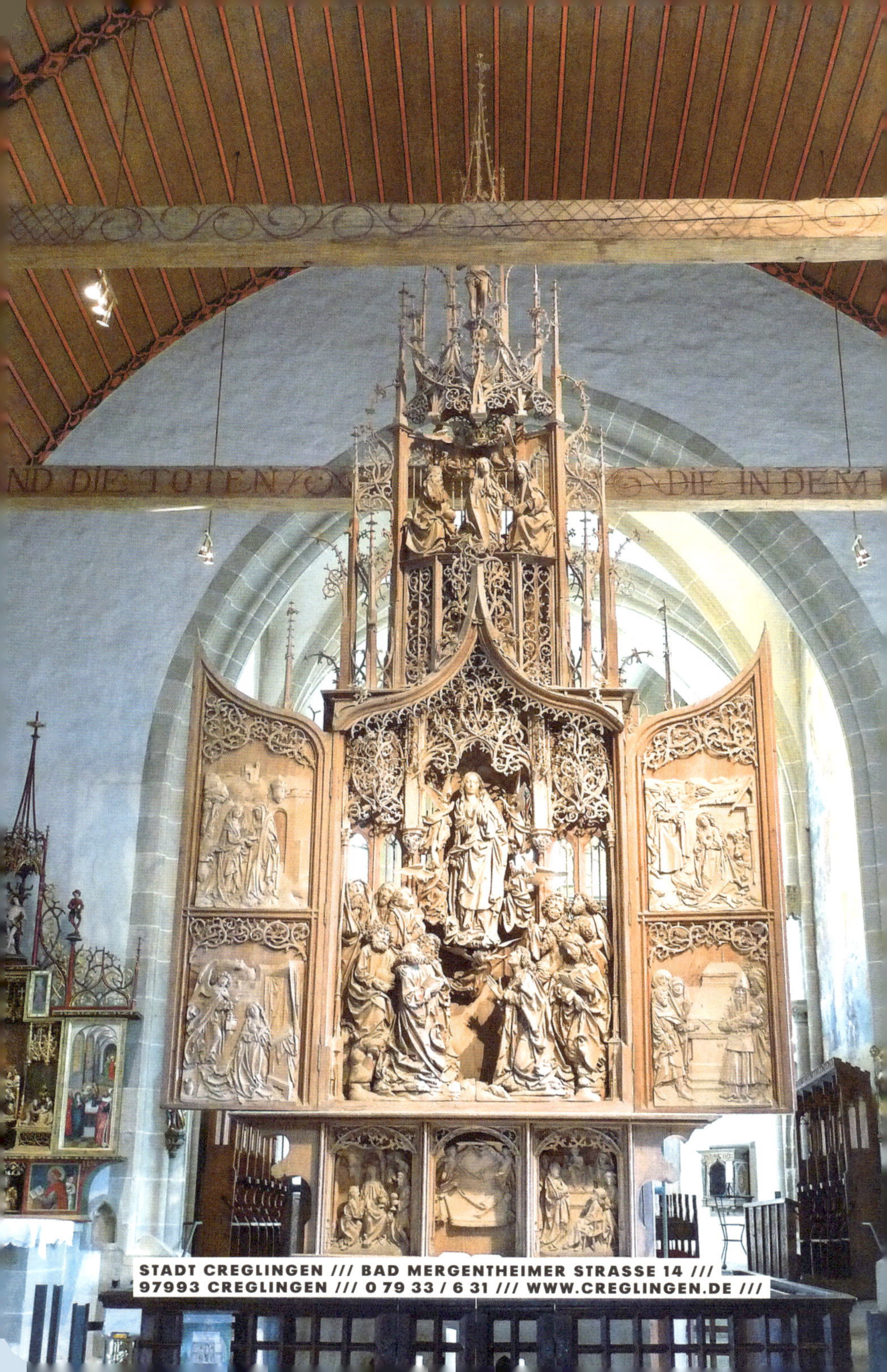
ND DIE TOTEN
DIE IN DEM
STADT CREGLINGEN /// BAD MERGENTHEIMER STRASSE 14 ///
97993 CREGLINGEN /// 0 79 33 / 6 31 /// WWW.CREGLINGEN.DE ///

RIEMENSCHNEIDER UND FINGERHUT

Creglingen – Herrgottskirche und Museum

49

Um zu erfahren, was Tilman Riemenschneider und Fingerhüte gemeinsam haben, müssen Sie sich auf die Straße Richtung Münster begeben. Es sind nur knapp eineinhalb Kilometer zu bewältigen.

Am Laurentiustag anno 1384 fand ein Bauer beim Pflügen eine Hostie, erzählt die Legende. An dieser Stelle wurde die Herrgottskirche gebaut, die bald schon zur Wallfahrtkirche wurde. Der Marienaltar von Tilman Riemenschneider entstand zwischen 1505 und 1510, vermutlich nach Abschluss der Arbeiten am Rothenburger Heilig-Blut-Altar. Die Creglinger Variante ist 9,20 Meter hoch, ausgeklappt 3,68 Meter breit. Im Mittelschrein wird die Himmelfahrt der Maria dargestellt, auf den angehängten Seitenflügeln gibt es weitere Szenen aus dem Leben von Maria und Jesus. Mit diesem Altar ist das ›Creglinger Lichtwunder‹ verbunden, nämlich dass zu Mariä Himmelfahrt das Licht der Abendsonne die Maria erleuchtet. Außerdem zählt er zu den schönsten Arbeiten Riemenschneiders.

Nach seinem Tod im Jahr 1531 wurde Riemenschneider schnell vergessen. Erst nachdem 1822 sein Grabstein in Würzburg entdeckt wurde, bekam er wieder die Bedeutung, die ihm zusteht. Ähnlich ging es dem Altar in der Herrgottskirche. 1530 hatte die Reformation auch diese Region erreicht. Der Altar wurde zugeklappt und erst 1832 wieder geöffnet. Das hat ihn vor Schäden bewahrt und lässt ihn heute in seiner ganzen Schönheit sichtbar werden.

Gegenüber finden Sie die Verbindung zu den Fingerhüten, denn dort befindet sich ein Museum, das es nur einmal auf der Welt gibt: das Fingerhutmuseum. Über 3.000 Fingerhüte zeigt es, darunter Exponate, die älter als 2500 Jahre sind. Beim Betrachten des Riemenschneider-Altars kann es passieren, das man sich verliert. Das Fingerhutmuseum gegenüber erdet wieder – allein durch das Staunen, was im Kleinen alles realisiert werden kann.

Fahren Sie weiter nach Münster. Am anderen Ortsrand finden Sie einen Badesee und Liegewiesen. Für die Kinder gibt es einen Wasserspielplatz.

STIFTUNG JÜDISCHES MUSEUM CREGLINGEN /// BADGASSE 3 ///
97993 CREGLINGEN /// 0 79 33 / 70 10 /// WWW.CREGLINGEN.DE ///

DIE JUDEN IN CREGLINGEN

Creglingen – Jüdisches Museum

50

Was nach 1933 in Deutschland mit den Juden geschah, übertraf alle Pogrome, die es vorher gegeben hatte. Creglingen ist da keine Ausnahme. Was die besondere Erwähnung in diesem Buch verdient, ist, dass hier eine der ersten Gewalttaten verübt wurde und dass andererseits heute einiges zur Aufarbeitung getan wird – durch Dokumentation und Versöhnungsbemühungen. Letzteres prädestiniert den Ort heute zu einem Lieblingsplatz.

Gegen Ende des 19. Jahrhunderts sah es für die Juden in Deutschland besser denn je aus. Sie waren akzeptiert, offener Antisemitismus war selten. Seit 1864 waren sie auch rechtlich den Nichtjuden gleichgestellt. In einer Oberamtsbeschreibung von Mergentheim aus dem Jahr 1880 wird ausdrücklich im Zusammenhang mit den Vermögensverhältnissen der Bevölkerung in Creglingen erwähnt, dass die Israeliten alle eigene Wohnungen haben, wenn auch selten Grundstücke. Nach der Machtergreifung durch die Nationalsozialisten wurde das quasi über Nacht anders.

Am 25. März 1933 wurden 16 jüdische Mitbürger aus Creglingen – einige waren Gemeinderäte – verhaftet und schwer misshandelt. Zwei starben an den Folgen. Dieser Pogrom war der reichsweit erste systematische Exzess gegen Juden mit Todesfolgen – ein gewisser Fritz Klein zettelte ihn an. Schutzpolizisten und Kriminalbeamte begleiteten ihn. Nach dem Krieg wurde Klein aufgrund dieses Vorfalls zu fünf Jahren Haft verurteilt, von denen er jedoch nur ein Jahr absitzen musste. Im alten Rathaus wurde eine Gedenkstätte zu diesen Ereignissen eingerichtet. Das Jüdische Museum lässt die Geschichte zweier jüdischer Gemeinden aus dem Taubertal vom Anfang des 17. Jahrhunderts bis 1939 lebendig werden. Es finden auch Veranstaltungen statt, die das Ziel haben, gegenseitiges Verstehen und Versöhnung zu fördern.

☞ Außerhalb von Creglingen befindet sich der Jüdische Friedhof. Bis zum Ende der 30er-Jahre wurde hier beerdigt. Eine Tafel erinnert an die Opfer des Nationalsozialismus.

PFARRAMT CREGLINGEN (PFARRER THOMAS BURK) ///
KIRCHPLATZ 2 /// 97993 CREGLINGEN /// 0 79 33 / 5 08 ///

DIE OKTOGONKAPELLE AUF DEM STEINKREIS

Creglingen-Standorf – Ulrichskapelle

51

Nach der in Grünsfeldhausen und der in Oberwittighausen ist die Ulrichskapelle in Standorf die dritte Oktogonkapelle in Tauberfranken. Wenn Sie von Creglingen aus Standorf suchen, können Sie eigentlich nichts verkehrt machen. Aber wenn Sie von anderswo anreisen, dann passen Sie auf, was Sie Ihrem Navigationsgerät sagen: Mich hat es beim ersten Versuch zu einem anderen Standorf geschickt.

Die Form des Oktogons bei einer Kapelle ist nicht so häufig, dass man über sie stolpert. Bei drei dicht beieinander kann deshalb schon von einer Häufung gesprochen werden. Fahren Sie von Creglingen aus Richtung Rinderfeld. Auf halber Strecke, nach gut dreieinhalb Kilometern, finden Sie Standorf. Die Ulrichskapelle ist im Ort gut ausgeschildert. Sie liegt etwas abseits und über dem Ort. Es lässt sich auch gut zu Fuß hinaufgehen, was bei schönem Wetter ohnehin angeraten scheint.

Unterhalb der Kapelle entspringt die Ulrichsquelle. Der Volksglaube sagt ihr eine Heilwirkung für Augenerkrankungen nach. Erstmals nachgewiesen ist die Kapelle im Jahr 1429, doch weisen die stilistischen Gemeinsamkeiten mit den erwähnten in Oberwittighausen und Grünsfeldhausen auf einen Bau im 13. Jahrhundert hin. Da es auch Übereinstimmungen mit der Burg Brauneck gibt, vermutet man Konrad von Hohenlohe als Stifter, vermutlich aus Dankbarkeit, den Fünften Kreuzzug überlebt zu haben. Demnach wäre sie um 1229/30 erbaut.

Mitte der 70er-Jahre entdeckte man, dass die achteckige Kirche auf einem Steinkreis aus behauenen Steinen steht. Das wärmte Theorien wieder auf, die bereits in den 1920er-Jahren verbreitet wurden, nämlich dass es sich um ein ehemaliges heidnisches Heiligtum handeln würde. Es entstand viel Wirbel um die Kapelle, was zu einer vorübergehenden Schließung führte. Inzwischen ist sie aber nach Anmeldung wieder geöffnet.

Gottesdienste finden in der Ulrichskapelle statt am ersten, dritten und – falls es ihn gibt – fünften Sonntag im Monat sowie Heiligabend und am zweiten Weihnachtstag.

VEREIN KELTISCHES OPPIDUM FINSTERLOHR-BURGSTALL E. V.
HERR MANFRED SCHUCH /// FINSTERLOHR /// 97933 CREGLINGEN ///
0 79 33 / 12 71 /// WWW.KELTEN-CREGLINGEN-FINSTERLOHR.DE ///

KELTENSCHANZE UND FLACHSBRECHHÜTTE

Creglingen – Finsterlohr

52

Finsterlohr liegt am Anfang einer tiefen und felsig einbrechenden Schlucht zum Taubertal hin. Dieser Schlucht und dem umgebenden Wald verdankt der Ort seinen Namen. Zu Finsterlohr gehört auch der Ort Burgstall, und zu diesem lohnt sich auf jeden Fall ein Ausflug. Sie erreichen ihn, wenn Sie ab Archshofen Richtung Finsterlohr fahren.

Keltische Besiedlung ist an vielen Stellen in Tauberfranken nachgewiesen. Das Oppidum, eine Wehr- und Wohnanlage bei Burgstall, beeindruckt durch seine Größe. Erbaut wurde es vermutlich 300–250 v. Chr. Die Voraussetzungen waren auch günstig. Eine Seite musste nicht gesichert werden, weil der Steilabfall zur Tauber ein natürliches Hindernis für Angreifer war. Zur anderen Seite wurde über 5,1 Kilometer ein dammartiger Wall und eine Ringmauer errichtet. Von der Ringmauer sind allerdings nur Reste erhalten. Am Nordende gab es einen Hauptzugang, der als das ›Alte Tor‹ bezeichnet wird. Vor der Flachsbrechhütte, bei der man übrigens das Auto parken oder das Fahrrad abstellen kann, gibt es ein Info-Zentrum Keltenwall, bei dem auf großen Schautafeln in Skizzen und Texten mitgeteilt wird, was alles über diese Anlage bekannt ist.

Flachsanbau war früher weit verbreitet. Man baute die Pflanze an, erntete sie und setzte sie auf trockenen, windigen Wiesen der Luft, dem Regen und der Sonne aus. Dabei kam ein Gärungsprozess in Gang, der nach drei bis fünf Wochen abgeschlossen war. Man nannte das Tauröste. Andernorts wurde dieser Vorgang mit warmem oder kaltem Wasser durchgeführt – Wasserröste. Im Winter wurde der Flachs weiterverarbeitet; er wurde gebrochen, um die Holzreste von den Fasern zu trennen. Dazu diente die Flachsbrechhütte, die als Kleinstmuseum am Beginn des Keltenlehrpfads steht. Sie können eine Führung bekommen, müssen das aber zuvor telefonisch vereinbaren (09865/7825).

☞ Ein Keltenlehrpfad führt in sechs Stationen mit erläuternden Tafeln durch die Anlage und einen Teil des Walls entlang – auch zur rekonstruierten Pfostenschlitzmauer.

HEIMAT- UND WEINBAUVEREIN TAUBERZELL ///
GROSSHARBACH 63 /// 91587 ADELSHOFEN /// 0 98 65 / 8 56 ///

GASTHAUS HOLDERMÜHLE /// HOLDERMÜHLE ///
97993 CREGLINGEN-ARCHSHOFEN /// 0 79 33 / 91 23 17 ///

GRENZVERLAUF IM GASTHAUS

Tauberzell

53

Der kleine Ort Tauberzell gehört zur Gemeinde Adelshofen und zum Landkreis Ansbach, liegt also schon in Bayern. Doch die baden-württembergische Grenze ist nah – näher, als man es vermutet. Und einen Grenzkonflikt gibt es auch, allerdings einen, der nicht zu kriegerischen Auseinandersetzungen führt.

Etwa einen halben Kilometer vor dem Ort selbst liegt die Holdermühle, die noch zu Archshofen und damit zu Baden-Württemberg gehört. Aber ganz so einfach ist das nicht, denn die Grenze läuft mitten durch die Mühle. Als solche ist sie längst stillgelegt und stattdessen zum Gasthaus umfunktioniert. Um der Grenzsituation Rechnung zu tragen, haben die Gastwirte Tischtücher aufgelegt, die deutlich machen, wo man gerade sitzt, ob im Bayerischen (weiß-blau) oder im Württembergischen (schwarz-gelb). Strom bekommt die Mühle aus Bayern (von Tauberzell) und die Telefonleitung aus Baden-Württemberg (Creglinger Vorwahl). Die Grenze lief auch mitten durch den Kuhstall, der heute allerdings zu Fremdenzimmern umgebaut ist. Wenn man Glück hat, erwischt man ein Doppelbett, das ebenfalls halb hüben und halb drüben steht. Da kann man ganz neue Grenzerfahrungen machen. Wenn Sie mit dem Fahrrad von Bad Mergentheim kommen, erreichen Sie die Holdermühle vor dem Ort.

Tauberzell ist auch ein Weinort, der letzte, denn dann gibt es erst wieder Weinbau in Rothenburg. Der Ort gehört zum Grenzgebiet des fränkischen Weinbaus, hat aber bereits eine 800-jährige Tradition. Neben früh reifenden Weißweinsorten wird auch der rote Schwarzriesling kultiviert. Kultiviert wird auch das Feiern, denn jedes Jahr gibt es ein Weinfest im Juni und natürlich auch eine Weinkönigin. Und noch eine Besonderheit: Während man sonst in Unterfranken ›Wengert‹ sagt, im Bayerischen ›Weinzierl‹ und ›Weingärtner‹ meint, spricht man hier in Tauberzell vom ›Häcker‹.

Wer sich aufmerksam umsieht, dem werden die Steinriegel auffallen, Mäuerchen aus aufeinandergelegten Steinen. Sie sind charakteristisch für die ganze Region.

AB BETTWAR KANN MAN DEN SCHILDERN ZUR BURGRUINE FOLGEN.

MEHR INFORMATIONEN BEKOMMEN SIE BEI DER
GEMEINDEVERWALTUNG STEINSFELD /// SCHULSTRASSE 9 ///
91628 STEINSFELD /// 0 98 61 / 35 61 /// WWW.STEINSFELD.DE ///

EINSIEDLER UND GOLDSUCHER

Bettwar

54

In Bettwar – Bobr, wie der Ort in hiesiger Mundart genannt wird – geschah kurz nach dem Zweiten Weltkrieg ein Schelmenstück, von dem noch heute gesprochen wird. Doch zunächst: Woher kommt der ungewöhnliche Ortsname? Ein Einsiedler, der sich vor Zeiten hier niedergelassen hatte, soll Namensgeber von Bettwar gewesen sein. Da viele Leute zum Beten zu ihm kamen, nannte man ihn auch ›Betwart‹, woraus sich der heutige Name des Ortes ableitete. Aber das wird eher selten erzählt. Viel spektakulärer ist die Geschichte vom Goldrausch.

Im Frühsommer des Jahres 1949 sei ein Mann aufgetaucht, der einen Einheimischen ins Vertrauen zog und erzählte, dass in der Ruine Seldeck ein Kriegsschatz vergraben liege. Er benötige Hilfe, um die aus Frankreich stammenden Kisten mit Gold, Münzen und Juwelen zu bergen. Dieser Einheimische behielt das nicht für sich und so sah sich der Fremde bald in Polizeigewahrsam. Da die Sache nicht so unwahrscheinlich war, wurde gesucht und gefahndet. Das ganze Dorf war neben den Polizisten mit Schaufeln und Hacken unterwegs. Auch Wünschelrutengänger versuchten ihr Glück – fanden aber ebenfalls nichts. Der Auslöser der Geschichte saß bald in Ludwigsburg im Gefängnis, und die Bevölkerung von Bettwar beruhigte sich nach und nach wieder. Ganz vergessen ist die Geschichte aber noch nicht und wird immer wieder gern hervorgeholt.

Einen Besuch – ohne Spaten – ist die Burg Seldeck oberhalb von Bettwar dann wert, wenn Sie sich für Kulturgeschichte interessieren. Gut zu sprechen war man in Rothenburg auf die Herren von Seldeck nie, da die sich den Rothenburgern gegenüber auch nicht fein verhielten. Um 1408 wurde im Frieden von Mergentheim beschlossen, dass alle Burgen um Rothenburg zerstört und nie wieder aufgebaut werden sollten. Diese Ruine zeigt ein eindrucksvoll, wie konsequent man diesen Beschluss umgesetzt hat.

Am nördlichen Hang von Bettwar hat der pensionierte Hobby-Paläontologe Walter Sattler einen Fossiliengarten aus 3.000 Versteinerungen aufgebaut.

SIE FINDEN DIE KIRCHE UNSCHWER, WENN SIE UM DEN HOTEL-GASTHOF SCHWARZES LAMM HERUMGEHEN UND SICH RECHTS HALTEN. ///

EVANGELISCHE KIRCHENGEMEINDE /// KARLSTADTSTRASSE 3 ///
91541 ROTHENBURG OB DER TAUBER /// 0 98 61 / 55 24 ///
WWW.ROTHENBURGTAUBER-EVANGELISCH.DE / TOURISMUS ///

DER TEUFEL UND DAS KIRCHLEIN

Rothenburg – Detwang

55

In Detwang, das unten am Berg liegt, auf dem Rothenburg thront, können Sie sich mit einem Kirchlein und dem Teufel beschäftigen. Man erzählt, dass dieser sich so ärgerte, als er vom Kirchenbau in Detwang hörte, dass er einen schweren Felsbrocken aufnahm und sich auf den Weg machte, das Gotteshaus zu zerstören. Unterwegs traf er eine alte Frau, die auf dem Rücken einen Korb voll durchgelaufener Schuhe trug, die sie für die Nachbarn zum Schuster bringen sollte. Der Teufel, schon müde von der Last des Felsens, hielt zu einem Schwätzchen an und wollte von der Frau wissen, wie er zu dem Kirchlein in Detwang komme. Die merkte aber wohl, mit wem sie es zu tun hatte, und sagte pfiffig: »All die Schuhe habe ich auf dem Weg von Detwang bis hierher schon durchgelaufen.« Da sah der Teufel rot. So weit sollte er noch laufen? Wütend schleuderte er den Stein beiseite und verschwand. Woran man sieht, dass die bösesten oft nicht die gescheitesten sind.

So blieb also der Legende nach die Peter- und Paulskirche erhalten, die älteste Kirche im Taubertal überhaupt – und Sie können sie besuchen. Ein ostfränkischer Adliger soll sie um 968 errichtet haben. In der Kirche befindet sich ein wertvolles Reliquienkreuz, das aus der Zeit um 1050 n. Chr. stammt. Glanzstück ist allerdings der Kreuzaltar, der aus der Werkstatt von Tilman Riemenschneider kommt. Er entstand um 1510 und stammt aus der Michaelskapelle bei St. Jakob in Rothenburg, die aber abgerissen wurde. Um 1653/54 wurde deshalb der Altar nach Detwang gebracht. Leider musste man ihn dabei verkleinern, damit er in die Kirche passte.

Die Reichsstadt Rothenburg kaufte im Jahr 1383 das kleine Kirchdorf zu einem Preis von 7.000 Gulden. Nein, nicht vom Teufel, sondern vom Küchenmeister zu Nordenberg.

Der Gottesdienst findet sonntags um 9 Uhr statt. Danach gibt es eine kostenlose Führung. Die Führungen zu den anderen Zeiten sind kostenpflichtig.

DAS NATURSCHUTZGEBIET SCHANDTAUBERHÖHLE LIEGT ETWA FÜNF KILOMETER SÜDWESTLICH VON ROTHENBURG OB DER TAUBER OBERHALB DER ORTSCHAFT BETTENFELD. ///

ROTHENBURG-VORBACH /// 91541 VORBACH ///
WWW.WWA-AN.BAYERN.DE ///

DER DOPPELTE BACH

Rothenburg – Vorbach und Schandtauber

56

Haben Sie sich eine Unterkunft in Detwang gesucht, Rothenburg bereits erkundet und suchen etwas Abwechslung, bevor sie wieder hinaufgehen und weiter die alte Stadt durchstreifen? Dann wenden Sie doch einmal der Stadt den Rücken zu und folgen eine Weile dem Vorbach. Sie werden überrascht sein, welchen Kontrast dieses Wässerchen zur lieblichen Tauber bietet.

Vielleicht sind Sie in Weikersheim schon auf das Flüsschen Vorbach gestoßen. Lassen Sie sich nicht irritieren: Das ist ein anderes. Interessanterweise hat die Tauber zwei unterschiedliche Zuflüsse gleichen Namens, die auch beide ungefähr in derselben Gegend entspringen: in der Nähe von Schrozberg. Dieser Vorbach mündet jedenfalls gegenüber der Rothenburger Bronnenmühle in die Tauber, nachdem er sich knapp sieben Kilometer durch die Hohenloher Landschaft geschlängelt hat. Folgen Sie dem Flüsschen von Detwang aus mindestens bis zum gleichnamigen Ort Vorbach. Sie werden staunen, wie still sich dieses Tal gibt.

Etwas weiter südlich finden Sie die Schandtauber. ›Schand‹ steht hier für ›kurz‹, weil ursprünglich angenommen wurde, dass dieses Flüsschen aus Bettenfeld kommt und schon nach kurzer Zeit in die Tauber mündet. Das jedoch stimmt nicht, denn tatsächlich entspringt es in der Nähe von Blaufelden auf der Hohenloher Ebene als ein kleines Bächlein, das bis Bettenfeld fließt. Dort findet sich ein unterirdisches Höhlensystem, aus dem Wasser aus einer kräftigen Karstquelle fließt und der Schandtauber das meiste Wasser liefert. Bevor es oberirdisch sichtbar wird, sammelt es sich bereits einige Kilometer in Hohlräumen, welche die größte bekannte Muschelkalkhöhle Süddeutschlands bilden. Seit 1984 stehen diese unter Naturschutz. Dank des starken Gefälles hat die Schandtauber früher sieben Mühlen betrieben und eine Hammerschmiede, in der Pflüge, Sensen, Äxte und anderes hergestellt wurden.

☞ Vom Spitaltor ausgehend führt entlang der Schandtauber ein wasserwirtschaftlicher Lehrpfad bis zur Hammerschmiede.

ZU FUSS IST DIE SCHÖNSTE OPTION

Rothenburg – Innerhalb der alten Stadtmauern

57

Als ich vor Jahren einmal die Reise nach Rothenburg mit dem Linienbus antrat, war ich überrascht, einen komplett mit Japanern besetzten Bus vorzufinden. Als einziger mitfahrender Europäer kam ich mir fast wie in einem fremden Land vor. Vor Rothenburg machte der Busfahrer einen Schlenker und fuhr auf die südwestlich gelegene Hochebene, von der Rothenburg schon von Weitem gesehen und vor allem fotografiert werden konnte.

Nun sind Sie also da. Sie können der Straße folgen, die sich hoch nach Rothenburg schlängelt, dort vor der Stadtmauer zur Altstadt einen Parkplatz suchen und dann durch eines der Tore in die Stadt gehen. Für einen Kurzbesuch ist das sicher die beste Lösung. Haben Sie etwas mehr Zeit, dann biegen Sie direkt hinter Detwang in der Kurve rechts ab, folgen der Straße und parken noch vor der Tauberbrücke. Anschließend gehen Sie den Weg nach Rothenburg zu Fuß hoch. Zugegeben, er ist etwas steil und vielleicht müssen Sie ab und zu stehen bleiben und etwas Luft holen. Es lohnt sich aber trotzdem. Bäume und Büsche spenden Schatten, was insbesondere an heißen Sommertagen angenehm ist. Oben vor dem Spielplatz sehen Sie links gleich einen Turm und vielleicht auch einige der Turmfalken, die immer wieder dort nisten. Gehen Sie entweder links an der Mauer vorbei, um zum ersten der Stadttore, dem Klingentor, und zur Wolfgangskirche zu kommen oder gehen Sie über den Spielplatz, die Treppe hoch und durch eines der Seitentore in die Stadt. Auf diese Weise lernen Sie Rothenburg schon kennen, bevor Sie in die belebte innere Altstadt gelangen.

Oder Sie überqueren mit dem Auto oder Fahrrad die Tauber, halten sich links Richtung Gelbsattel und biegen in Sankt Leonhard wieder Richtung Rothenburg ab. So kommen Sie von der südlichen Seite zur Rothenburger Altstadt und haben dabei bereits einen schönen Blick auf die äußere Kulisse.

Kommen Sie von der Autobahn A 7 (Streckenabschnitt Würzburg – Ulm), so führt Sie die Zubringerstraße direkt in Rothenburg auf die Altstadt zu.

ROTHENBURG TOURISMUS SERVICE /// MARKTPLATZ ///
91541 ROTHENBURG OB DER TAUBER /// 0 98 61 / 40 48 00 ///
WWW.ROTHENBURG.DE ///

MAUERLAUF FÜR JEDERMANN

Rothenburg – Stadtmauer

58

Die Mauer um die Stadt schützte Rothenburg bereits in einer Zeit, als sie sich selbstbewusst gegen Fürst und Bischof behauptete. Da die Mauer heute noch weitgehend erhalten ist, lohnt es sich, auf dieser entlangzugehen – einmal fast rundum. Ein wundervoller Blick auf die Stadt von oben aus wechselnden Perspektiven.

Die Stadtmauer ist schon von außerhalb gut zu sehen, gewissermaßen prägt sie das Stadtbild entscheidend mit. 1172 wurde sie erbaut. Der Weiße Turm, der Markusturm und der Röderbogen aus dieser Zeit stehen heute noch. Im Zweiten Weltkrieg hat die Stadtmauer stark gelitten. Im Röderturm, der besichtigt werden kann, ist ihr Zustand nach der Bombardierung gut in Abbildungen dokumentiert. Dank einer schon 40 Jahre dauernden Spendenaktion konnte im Norden und Osten die Mauer restauriert und zugänglich gemacht werden. Jeder, der bereit ist, mindestens 1.000 Euro zu spenden, bekommt einen Eintrag in die Mauer gemeißelt, und zwar dauerhaft. So ist gut zu sehen, wie die Spenden aus der ganzen Welt kommen.

Steigen Sie hinauf und laufen Sie die Mauer ab, ein paar Meter, oder besser so weit es möglich ist. Immer wieder einen Blick auf die Einträge der Spender zu werfen, ist sicher interessant, interessanter aber ist der Blick zur Stadt, über die Dächer, manchmal die Straßen entlang oder in die Gärten. Schwindelfrei muss man nicht sein, so hoch ist es nicht. Außerdem bietet die begehbare Strecke über ein stabiles Geländer aus Holz genügend Sicherheit. Zuzeiten kann es eng werden, insbesondere gegen Mittag, wenn die Touristen die Stadt bevölkern. Deshalb bietet sich ein Rundgang auf der Mauer an, wenn man morgens in die Stadt gekommen ist. Oder im Spätherbst abends, wenn es bereits früher dunkel wird und man das beleuchtete Rothenburg von oben betrachten möchte.

Reste der alten Burg können Sie sehen, wenn Sie vom Marktplatz aus die Herrngasse ganz durchgehen. Zurück können Sie den Weg über die Burggasse nehmen.

ST. WOLFGANGSKIRCHE /// KLINGENTOR ///
91541 ROTHENBURG OB DER TAUBER /// 01 71 / 3 66 23 91 ///
WWW.ROTHENBURGTAUBER-EVANGELISCH.DE ///

SAKRALER SCHUTZBAU MIT GEHEIMGANG

Rothenburg – Wolfgangskirche

59

Rothenburg hat viele Kirchen. Sie alle besichtigen zu wollen und in jeder ausreichend lang verweilen zu wollen, übersteigt oft den Zeitrahmen – deshalb ist eine Auswahl die bessere Option.

Eine Kirche, die sich anzuschauen gleich aus mehreren Gründen lohnt, ist die St. Wolfgangskirche am Klingentor. Sie ist nämlich nicht nur Kirche, sondern gleichzeitig auch Museum. Der Turm am Klingentor wurde zwischen 1380 und 1390 errichtet. Er diente als Verteilungssystem für das Trinkwasser. Zum Schutz wurde Anfang des 15. Jahrhunderts vor dem Klingenturm eine Vorburg mit Vortürmen und Zugbrücke gebaut. Gegen Ende des Jahrhunderts wurde davor die Bastei errichtet, zu der auch die St. Wolfgangskirche gehört. Sie wurde in den Jahren 1475 bis 1492 als Wehrkirche erbaut.

St. Wolfgang ist der Schutzpatron der Schäfer und sowohl die Schäferbruderschaft als auch der Tuchhändler Otnat spielten beim Bau der Kirche eine Rolle, denn Schäferei und Wollhandel hatten in Rothenburg im Mittelalter eine große wirtschaftliche Bedeutung. An der Stelle, an der die Kirche errichtet wurde, befand sich ein Betplatz, auf dem sich die Schäfer trafen, um den heiligen Wolfgang zu verehren.

Den Wehrcharakter der Kirche erkennen Sie an den dicken Mauern und den Schießscharten. In der Kirche gibt es auch Kasematten, also unterirdische Gewölbe, und einen Geheimweg, der bis hinunter ins Taubertal führt. Im oberen Teil der Kirche ist ein Schäfermuseum eingerichtet. Die Kirche selbst, im spätgotischen Stil erbaut, enthält drei Schreinaltäre aus der Zeit um 1500.

Die St. Wolfgangskirche ist also in vielfältiger Hinsicht sehenswert: als sakrales Objekt, als Museum und als Beispiel für einen Schutzbau in längst vergangener Zeit. Ich besuche sie fast jedes Mal, wenn ich die Stadt durch das Klingentor betrete.

Eine gut zwei Stunden dauernde Kirchenwanderung zu den schönsten Kirchen in Rothenburg und Detwang wird von der Kirchengemeinde St. Jakob angeboten (09861/700625).

Christkindlmarkt
KÄTHE WOHLFAHRT
P
1 Stunde
werktags

WEIHNACHTEN DAS GANZE JAHR

Rothenburg – Käthe Wohlfahrt

60

Obwohl Käthe Wohlfahrts Weihnachtsfachgeschäfte inzwischen auch in anderen Städten – auch in Belgien und Frankreich – zu finden sind, ist nur das Rothenburger Stammgeschäft weltweit berühmt. In Japan wird mit dem Besuch dieses Ladens in Rothenburg für die Reise nach Deutschland geworben. Mitten im Sommer bei brütender Hitze in den winterlich ausgerichteten Weihnachtsmarkt zu treten, erzeugt schon ein besonderes Gefühl.

Eine erzgebirgische Weihnachtsspieldose, aus der sächsischen Heimat bei der Flucht 1956 mitgenommen, stand am Anfang der Gründung des Geschäfts. Die Suche nach weiteren Exemplaren, die Notwendigkeit zur falschen Jahreszeit einen größeren Posten abnehmen und diesen dann loswerden zu müssen, führten zu Überlegungen, ein Geschäft aufzumachen und Weihnachtsartikel ganzjährig anzubieten.

Die Gründung erfolgte 1964 noch in Herrenberg bei Stuttgart. Erst 1977 zog die Firma nach Rothenburg ob der Tauber. Passiert ist seitdem aber viel. Im Hauptgeschäft befindet sich nun ein Weihnachtsmuseum. Weitere Läden wurden in Berlin, Nürnberg, Bamberg, Oberammergau, Garmisch-Partenkirchen, Heidelberg, Rüdesheim, Riquewihr in Frankreich, Brügge in Belgien sowie in Stillwater in Minnesota eröffnet. Firmengründer Wilhelm Wohlfahrt starb im Jahr 2001. Weitergeführt wird das Unternehmen von seinem Sohn Harald Wohlfahrt in bewährter Tradition.

Vielleicht steht Ihnen im Sommer nicht nach Einkäufen von Weihnachtsschmuck, Nussknackern und Räuchermännchen, das Weihnachtsmuseum aber sollten Sie sich nicht entgehen lassen. Die geschichtliche Entwicklung des Weihnachtsfestes ist auch im Sommer interessant und hilft Ihnen vielleicht bei den Überlegungen, wie das eigene nächste Weihnachtsfest gestaltet werden soll. Sie finden das Museum leicht. Gehen Sie vom Markt aus in die Herrngasse hinein.

Käthe Wohlfahrt verkauft Ihnen auch eine Kuckucksuhr, und nicht nur die. Das Uhrenhaus liegt direkt am Markt neben der Tourist-Information.

Mittelalterliches
Kriminalmuseum
MITTELALTERLICHES KRIMINALMUSEUM /// BURGGASSE 3 – 5 ///
91541 ROTHENBURG OB DER TAUBER /// 0 98 61 / 53 59 ///
WWW.KRIMINALMUSEUM.ROTHENBURG.DE ///

HOLZBLOCK, SCHANDMASKE UND HALSGEIGE

Rothenburg – Kriminalmuseum

61

Dass eine Stadt wie Rothenburg, die selbst gewissermaßen ein Museum ist, über eine Reihe sehenswerter Museen verfügt, ist fast selbstverständlich. Der Besucher mit wenig Zeit hat hier eher die Qual als die Wahl.

Einen Tipp habe ich allerdings für Sie. In einem früheren Klostergebäude, dem des Johanniterordens, ist das mittelalterliche Kriminalmuseum untergebracht, das als das bedeutendste Rechtskundemuseum der Bundesrepublik Deutschland gilt. Besucher bekommen einen Einblick in mehr als 1000 Jahre Rechtsgeschichte, insbesondere auch in den Teil, der die Strafen ausmacht. So wird der Ablauf des mittelalterlichen Strafprozesses gezeigt, Instrumente der Folter und andere Geräte zum Vollzug der Leibes- und Lebensstrafen sind vorhanden. Die Betroffenheit ist dabei manchmal ganz nah. Ich habe es erlebt, dass ein Freund, dem ich mit seiner Familie Rothenburg zeigte, plötzlich ganz still wurde, seine Kinder herbeiholte und ihnen zeigte, welche der ausgestellten Schulstrafen er als Kind noch erleben – oder besser gesagt erleiden – musste.

Um alles zu sehen, steigt man auch in düstere Keller und Kerker hinab. Zahlreiche Kupferstiche und Holzschnitte zeugen von Kriminalfällen. Polizeiordnungen machen deutlich, wie über Kleiderordnungen oder andere Regelungen bis in den privaten Bereich eingegriffen wurde. Aber auch Karikaturen, die sich über Justiz und Verwaltung lustig machen und auf diese Weise Kritik üben, sind zu finden. In der Johanniterscheune, die an das Museum grenzt, finden immer wieder Sonderausstellungen statt. Wenn Sie im September während der Reichsstadttage in Rothenburg sind, können Sie auch in einer Aufführung in der Herrngasse miterleben, wie ein Bäcker, der schlechtes Brot gebacken hat, nach der Gerichtsverhandlung mittels Korb mehrfach in den Brunnen ›getunkt‹ wird oder andere Straftäter in einen Holzblock gespannt werden.

☞ Wenn Sie noch Zeit haben, dann besuchen Sie auch das Reichsstadtmuseum, in dem die Siedlungsgeschichte bis zum Mittelalter dokumentiert wird.

MARKTPLATZ /// 91541 ROTHENBURG ///
HISTORISCHES FESTSPIEL ›DER MEISTERTRUNK‹ E. V. ///
JÄGERSTRASSE 4 /// 91541 ROTHENBURG OB DER TAUBER ///
0 98 61 / 52 92 /// WWW.MEISTERTRUNK.DE ///

MEISTERTRUNK SEIT JAHRHUNDERTEN

Rothenburg – Meistertrunk und Schäfertanz am Marktplatz

62

Wer unvorbereitet nach Rothenburg kommt und zur vollen Stunde auf dem Marktplatz aufschlägt, wird vielleicht verwundert feststellen, dass viele Menschen gebannt in eine Richtung nach oben starren. Es ist die Ratstrinkstube mit Kunstuhr aus dem Jahr 1446, die zu jeder vollen Stunde zwischen 11 und 15 Uhr sowie 20 und 22 Uhr die legendäre Meistertrunkszene als Schauspiel mit Puppen zeigt. Doch worum handelt es sich da eigentlich?

Auch Rothenburg blieb vom Dreißigjährigen Krieg nicht verschont. Da sich die Stadt der Reformation angeschlossen hatte, belagerte sie General Tilly von der katholischen Liga. 1631 gelang es ihm, Rothenburg zu erobern. Man reichte ihm zum Willkommen und in der Hoffnung, ihn dadurch gnädig zu stimmen, einen Pokal, der 13 Schoppen Wein (3,25 Liter) enthielt. Tilly drehte den Spieß um und versprach, die Stadt vor Plünderung und Zerstörung zu verschonen, wenn es einer schaffe, den Pokal in einem Zuge auszutrinken. Bürgermeister Nusch übernahm das und rettete dadurch Bewohner und Gebäude – erzählt die Legende, und dass er anschließend drei Tage geschlafen habe.

Dieser Meistertrunk ist nicht nur auf der Uhr zu sehen. Eine Nachbildung der Szene findet man im Historiengewölbe des Rothenburger Rathauses. Später schrieb der Glasermeister Adam Hörber ein Bühnenstück, das genau 250 Jahre später erstmals aufgeführt wurde. Noch heute ist dieses Schauspiel in Rothenburg zu Pfingsten, während der Reichsstadttage und des Rothenburger Herbstes zu sehen.

1910/1911 wurde die Idee gefasst, den alten, traditionellen Tanz der Schäfer mit den Bürgerstöchtern auf dem Marktplatz wieder hervorzuholen. Da wenig über den alten Tanz bekannt war, musste er weitgehend neu gestaltet werden. Nur mit Unterbrechungen durch Kriege und Notzeiten wurde er jedes Jahr am Oster- und Pfingstsonntag sowie zu den Reichsstadttagen aufgeführt.

Von Mai bis Ende September finden außerdem die Hans-Sachs-Spiele statt. (Termine und Karten unter: 09861/5636)

ST. JAKOB /// KLOSTERGASSE 15 ///
91541 ROTHENBURG OB DER TAUBER /// 0 98 61 / 70 06 20 (PFARRAMT) ///
WWW.ROTHENBURGTAUBER-EVANGELISCH.DE / TOURISMUS / ///

WIE DER GESELLE DEN MEISTER ÜBERTRAF

Rothenburg – St.-Jakobs-Kirche

63

Nicht alle Türme, die man von Weitem im Panorama von Rothenburg sieht, sind solche von Kirchen. Etwas genauer sieht man das von der Stadtmauer. Aber Tor- und sonstige Türme abgezogen, bleiben noch genügend Kirchtürme übrig, sodass Überlegungen, welche man besteigen soll, angesagt sind. Die im Mittelpunkt stehende und alles überragende St.-Jakobs-Kirche macht sich am eindrucksvollsten bemerkbar.

Die evangelisch-lutherische Stadtpfarrkirche St. Jakob weist zwar keine so lange Bauzeit auf wie der Kölner Dom, aber etwas mehr als 150 Jahre kommen doch zusammen. 1311 wurde mit dem Bau der heutigen Kirche im gotischen Stil begonnen, 1485 wurde sie geweiht. In der Zeit dazwischen riss man Vorhandenes ab – so das romanische Langhaus – oder bezog es ein, wie die Heilig-Blut-Kapelle.

Tatsächlich fertiggestellt, nämlich bis zu den Spitzen der beiden Türme, wurde die Kirche erst 1528. Wenn Sie genau hinschauen, sehen Sie, dass die Spitzen unterschiedlich ausfallen. Die etwas breitere und kürzere soll vom Meister stammen, die schlankere und höhere vom Gesellen. Aus Ärger über die bessere Leistung des Gesellen soll sich der Meister vom Turm gestürzt haben.

Das Besondere an der St.-Jakobs-Kirche sind neben dem Bau auch die Kunstschätze darin. Der Heilig-Blut-Altar von Tilman Riemenschneider, 1505 fertiggestellt, auf der Westempore, dürfte das bedeutendste dieser Kunstwerke sein. In ihm wird in einer Bergkristallkapsel eine Heilig-Blut-Reliquie aus dem Jahr 1270 aufbewahrt. Der Zwölf-Boten-Altar von Friedrich Herlin enthält auf der Rückseite das älteste Bild der Stadt Rothenburg aus dem Jahr 1466. Es gibt jedoch noch weitere Kunstwerke von Riemenschneider und seiner Schule in dieser Kirche. Rothenburg liegt an einem der alten Jakobspilgerwege. Routen von Würzburg und Nürnberg treffen auf Rothenburg. Drei Routen führen von hier nach Ulm, nach Rottenburg am Neckar und nach Speyer.

In der St.-Jakobs-Kirche gibt es seit 2010 einen Audioguide mit zwei Führungen: einer kunstgeschichtlichen und einer spirituellen.

SCHLOSS SCHILLINGSFÜRST /// AM WALL 14 ///
91583 SCHILLINGSFÜRST /// 0 98 68 / 2 01 ///
WWW.SCHLOSS-SCHILLINGSFUERST.DE ///

STADT SCHILLINGSFÜRST /// ANTON-ROTH-WEG 9 ///
91583 SCHILLINGSFÜRST /// 0 98 68 / 8 00 ///
WWW.SCHILLINGSFUERST.DE ///

BAROCKSCHLOSS MIT JAGDTRADITION

Schloss Schillingsfürst

64

Keineswegs muss Rothenburg ob der Tauber Endstation einer Reise in Tauberfranken sein. Südlich von Rothenburg, auf der anderen Seite der A 7, aber immer noch an der Romantischen Straße (die übrigens bis ins Allgäu führt) liegen Stadt und Schloss Schillingsfürst. In anderen Zeiten standen hier Burgen, die im Bauernkrieg und im Dreißigjährigen Krieg vollständig zerstört wurden. Das heutige Barockschloss der Fürsten zu Hohenlohe-Schillingsfürst stammt aus dem 17. Jahrhundert. Man sieht es schon von Weitem, weil es auf einem Bergsporn der Frankenhöhe erbaut ist. Park und Museumsräume können von Ende März bis Ende Oktober besichtigt werden; täglich werden dazu mehrere Führungen angeboten.

Im Schlossbereich ist auch der Bayerische Jagdfalkenhof untergebracht. Er ist einer der ältesten und renommiertesten deutschen Falkenhöfe, auf dem auch die Nachzucht von Riesenseeadler, Europäischem Seeadler, Schmutz- und Gänsegeier, Wanderfalke, Habicht und anderen Greifvögeln betrieben wird. Auch die Ausbildung qualifizierter Falkner findet in jährlichen Lehrgängen statt.

Es hat etwas Erhabenes, wenn man die Adler, Milane oder Geier mit ihren gewaltigen Flügelspannweiten majestätisch im Aufwind fliegen oder im Sturzflug herabstoßen sieht. Auch die kleineren Falken im rasanten Flug zu erleben, ist eindrucksvoll. Die Teilnahme an einer der Greifvogelvorführungen ist weitaus interessanter, als nur die still dasitzenden Vögel anzuschauen, auch bei der wiederholten Vorführung. Ich komme immer wieder gerne hierher.

Der Jagdfalkenhof ist mehr noch als das Schloss selbst einen Besuch in Schillingsfürst wert. Im Schlosscafé kann man nach den Besichtigungen bei einer Tasse Kaffee und warmem Apfelstrudel mit Vanillesoße gut ausruhen und alles Gesehene bedenken, oder wenn man nicht allein ist, darüber sprechen.

Im Brunnenhausmuseum kann die in Deutschland einzige Ochsentretanlage besichtigt werden (09868/5889).

SIEGLINDE KÖTTGEN /// REICHELSHOFEN 28 /// 91628 STEINSFELD ///
0 98 65 / 94 18 98 /// WWW.GOTTHARD-MODELLBAHN.DE ///

ZEITREISE ZUM GOTTHARD IN MITTELFRANKEN

Reichelshofen – Gotthardbahn

65

Etwas nördlich von Rothenburg im Landkreis Ansbach, genauer im Ort Reichelshofen, kann man die Schweiz sehen. Oder exakter gesagt: einen Teil der Schweiz. Nämlich den detailgetreuen Nachbau der Schweizer Gotthardbahnstrecke. Mehr als 500 Meter Schienen sind verlegt über einen Bereich von 290 Quadratmetern – alles detailgetreu im Maßstab 1:87. Man muss sogar eine Brücke überwinden, um selbst alles sehen zu können.

Die Familie Köttgen baut seit mehr als einem Jahrzehnt an dieser Anlage, die immer noch nicht ganz fertig ist. Trotzdem ist es bereits ein ansehnliches Werk – eine der größten Modelleisenbahnen der Spurgröße H0 in Europa. Staunend steht man vor der Anlage, sieht Züge fahren, an Bahnhöfen halten und wieder abfahren, in Tunnel hinein-, aus anderen herausfahren. Häuser, Kirchen, Bahnhöfe, Dörfer, Straßen – alles detailgetreu und keineswegs aus einfachen Bausätzen zusammengebastelt – ergeben so ein Bild der Landschaft, wie sie vor etwa 50 Jahren in der Schweiz zu finden war.

Das Ehepaar Köttgen war mehrfach dort, hat alles abgewandert, fotografiert und kartografiert. Nun wird es umgesetzt und gebaut und somit auch ein Stück Landschaft gezeigt, wie sie heute nicht mehr zu finden ist. Denn am Originalschauplatz hat der Autobahnbau, der in den 60er-Jahren des vergangenen Jahrhunderts begonnen hat, einiges unwiederbringlich zerstört. Vieles wird man aber wiederfinden, wie man es auch am Gotthard heute noch sieht. Dass manche Stellen noch nicht fertig sind, stört wenig, weil man sich vorstellen kann, wie auch die sich bald harmonisch in die bereits fertigen Teile der Anlage einfügen werden. Dazu gibt es noch eine Sammlung von mehreren hundert H0-Lokomotiven. Gehen Sie nicht davon aus, dass man mal nur kurz schaut und dann weiterkann. Die Zeit wird nebensächlich beim Betrachten und Abgehen der Anlage.

Nicht weit entfernt von der Modelleisenbahn findet man den ›Landwehr-Bräu‹, eine Brauerei, die auch zu Besichtigung und Bierprobe einlädt.

IM BILD SIEHT MAN DEN KLINGENBRUNNEN IN WEIKERSHOLZ ///
74585 ROT AM SEE ///

GEMEINDE WETTRINGEN /// AN DER KIRCHE 3 /// 91631 WETTRINGEN ///
0 98 69 / 3 28 /// WWW.WETTRINGEN-MFR.DE ///

DER FLUSS MIT DEN ZWEI QUELLEN

Weikersholz und Wettringen – Tauberquelle

66

Wenn Sie die Quelle der Tauber suchen, dann fragen Sie besser nicht einen Fremden oder verlassen sich gar auf wegweisende Schilder. Offiziell ist es zwar geklärt, inoffiziell verschweigt man aber lieber manches, wenn man Touristen den Weg erklärt. So gibt es zwei Quellen, eine in Weikersholz bei Rot am See (Baden-Württemberg) und eine in Wettringen (Bayern). Welche also ist nun die echte Tauberquelle?

Der Streit um die ursprüngliche Tauberquelle wurde in den 70er-Jahren ausgetragen und dahingehend entschieden, dass sie bei Weikersholz zu finden sei, weil diese Quelle ständig schüttet. Gerade wenn man im Sommer dort vorbeischaut, kann es jedoch sein, dass dies nicht der Fall ist – aber an der offiziellen Situation ändert das nichts. Die Tauber hört auch deshalb nicht auf zu fließen, denn so richtig los geht es erst beim Taubersee, der ebenfalls bei Weikersholz am Südabhang des Rothberges liegt. Die Wettringer haben also das Nachsehen. Ihre Quelle gilt nur als ›eine‹, aber nicht die Ursprungsquelle, wenngleich auch in heißen Sommern hier noch Wasser sprudelt. Immerhin weist dort eine Tafel auf die zweite Quelle bei Weikersholz hin. Als Fremder gibt man sich besser diplomatisch und stattet beiden einen Besuch ab.

Dafür können die Wettringer aber noch mit einem anderen Kleinod prunken. In der Peter-und-Paul-Kirche (Baubeginn 1447) findet sich ein aus Lindenholz geschnitzter prächtiger Altar, dessen Meister zwar unbekannt ist, bei dem aber Stil und Ausführung darauf hindeuten, dass er aus der Riemenschneider-Schule stammt. Interessant ist die Schnitzarbeit in der Predella, dem Teil, auf dem das Altarbild steht. Aus einem einzigen Lindenholzblock ist eine Abendmahlszene herausgearbeitet. Jesus reicht darin Judas das Brot, dieser ist jedoch aufgestanden und hält in der linken Hand schon den Beutel mit den Silberlingen.

Seit 2000 findet am ersten Samstag im März in Wettringen der traditionelle Vieh- und Krämermarkt statt.

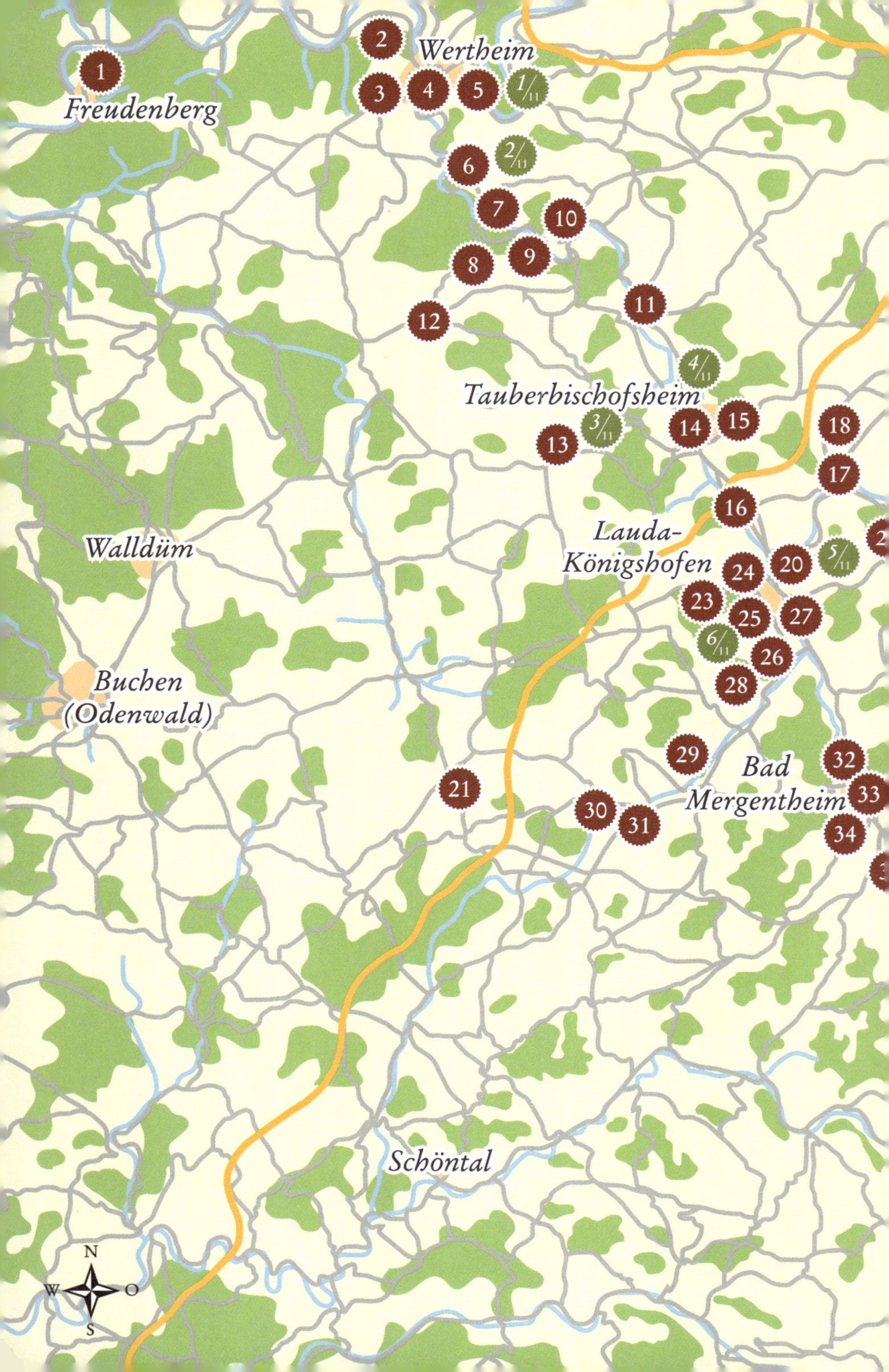
Freudenberg
Wertheim
Tauberbischofsheim
Lauda-
Königshofen
Walldüm
Buchen
(Odenwald)
Bad
Mergentheim
Schöntal
N
W
O
S

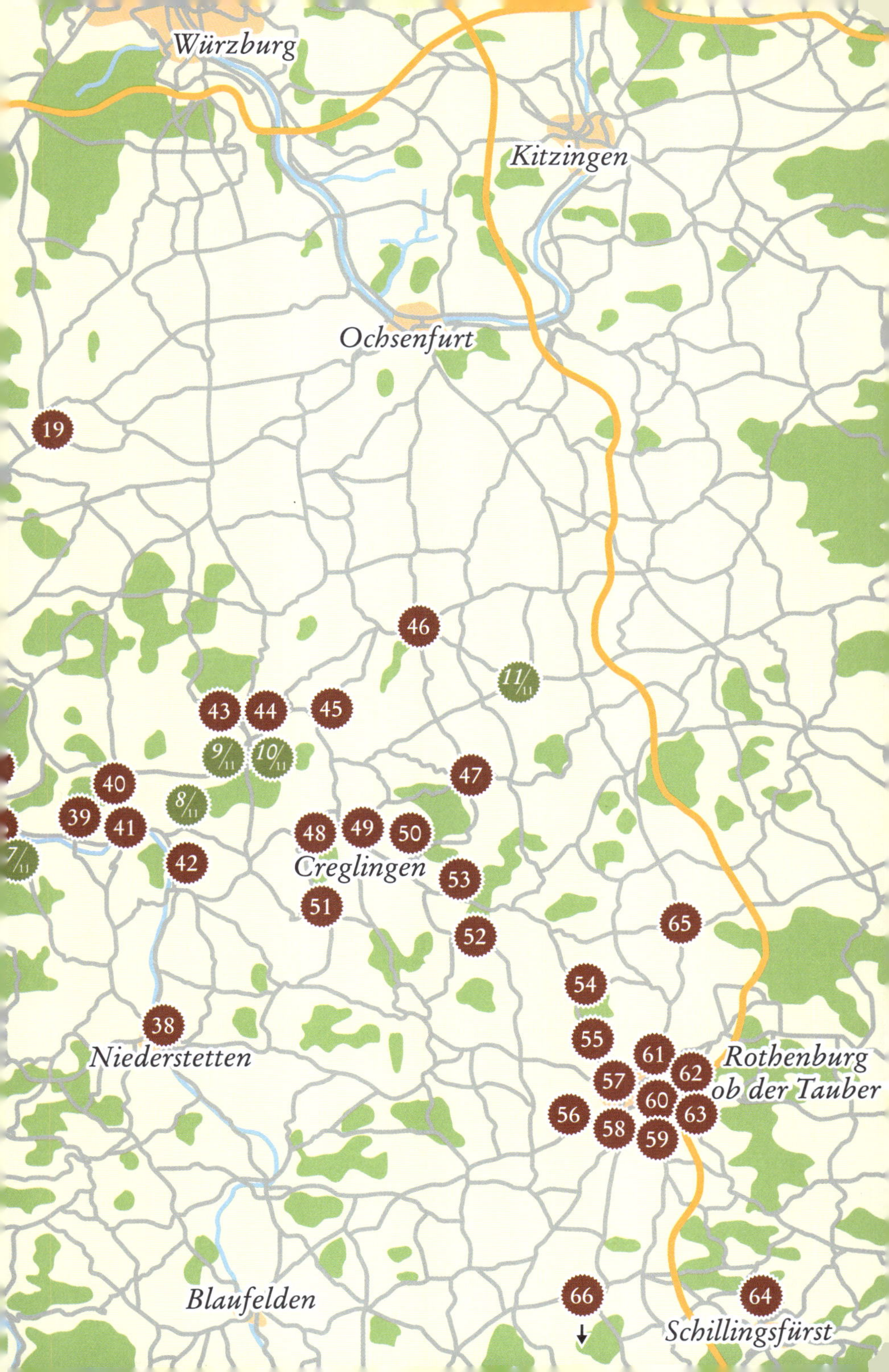

Würzburg
Kitzingen
Ochsenfurt
19
46
11/11
43
44
45
9/11
10/11
40
8/11
47
39
41
48
49
50
7/11
42
Creglingen
53
51
52
65
54
38
Niederstetten
55
61
62
Rothenburg
ob der Tauber
57
60
56
63
58
59
66
64
Blaufelden
Schillingsfürst

REGISTER

Foto © Rainer Sturm – pixelio.de

Lieblings-plätze

Neue Lieblingsplätze

Größeres Format, neue Gestaltung, mehr persönliche Einblicke

Entdecken und erleben

978-3-8392-1368-1

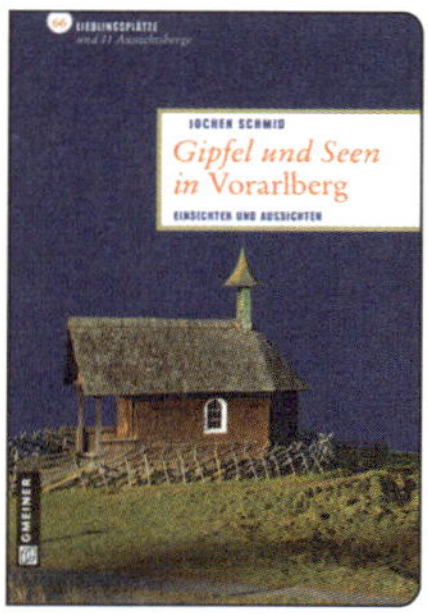

978-3-8392-1364-3

978-3-8392-1365-0

978-3-8392-1366-7

978-3-8392-1363-6

978-3-8392-1367-4

978-3-8392-1358-2

978-3-8392-1356-8

978-3-8392-1361-2

978-3-8392-1362-9

978-3-8392-1357-5

978-3-8392-1359-9